探究性学习能力的 N 个 法则 上

TANJIUXING
XUEXINENGLIDE N GEFAZE

赵建阳◎编著

中国出版集团
现代出版社

图书在版编目（CIP）数据

探究性学习能力的 N 个法则（上）／赵建阳编著. —北京：现代出版社，2014.1

ISBN 978-7-5143-2160-9

Ⅰ．①探…　Ⅱ．①赵…　Ⅲ．①学习能力 – 能力培养 – 青年读物 ②学习能力 – 能力培养 – 少年读物　Ⅳ．①G442 – 49

中国版本图书馆 CIP 数据核字（2014）第 008750 号

作　　者　赵建阳

责任编辑　王敬一

出版发行　现代出版社

通讯地址　北京市安定门外安华里 504 号

邮政编码　100011

电　　话　010 – 64267325 64245264（传真）

网　　址　www.1980xd.com

电子邮箱　xiandai@cnpitc.com.cn

印　　刷　唐山富达印务有限公司

开　　本　710mm×1000mm　1/16

印　　张　16

版　　次　2014 年 1 月第 1 版　2023 年 5 月第 3 次印刷

书　　号　ISBN 978-7-5143-2160-9

定　　价　76.00 元（上下册）

目　录

第一章　走进探究性学习

第二章　探究性学习的评价

第三章　限制探究性学习能力的因素

第四章　探究中国的培养方式

第五章　中西方教育对比（上）

第一章　走进探究性学习

第一节　认识探究性学习

一、问题的提出

按照皮亚杰的观点，学生改变原有认知结构的主要机制是顺应。所谓顺应，是指对原有认知结构的调整和改变，以便更好地理解和接纳新现象。也就是说，当新知识与原有认知结构有较大差异或矛盾时，必须将原有认知结构进行调整和改变，通过顺应学习才能接纳新知识，解决认知矛盾，实现由原有的概念向科学概念的转变。

从认识论的角度看，学生的认识发展是从具体的形象思维开始逐步提高到理性思维的。传统的教学往往离开了自然科学的发展，仅仅把现成的事实、原理等结论性知识灌输给学生，导致学生停留在机械记忆的学习层次，而在探究性实验教学中，则力求通过探究活动的过程引出自然现象和实施特征，通过亲手参与探究过程，从

而获得知识，形成准确的科学概念。因此要营造一个有利于探究性学习的环境，通过设计学习发生的外部条件来诱发、影响并促使学习发生内因，从而促进学生主动进行知识的意义建构。

二、含义

要想知道什么是探究性学习，必须要明确什么是探究？美国国家科学教育标准中对探究的定义是："探究是多层面的活动，包括：观察；提出问题；通过浏览书籍和其他信息资源发现什么是已经知道的结论，制定调查研究计划；根据实验证据对已有的结论作出评价；用工具收集、分析、解释数据；提出解答、解释和预测；以及交流结果。探究要求确定假设，进行批判的和逻辑的思考，并且考虑其他可以替代的解释。"

既然如此那什么是探究性学习呢？探究性学习或称探究式学习、研究性学习，是指从学科领域或现实生活中选择和确立主题，在教学中创设类似于学术研究的情境，学生通过独立自主地发现问题、实验、操作、调查、收集与处理信息、表达与交流等探索活动，从中获得知识、培养能力、发展情感与态度，特别是发展探索精神与创新能力。它倡导学生的主动参与。探究性学习是一种积极的学习过程，主要指的是学生在科学课中自己探索问题的学习方式。

探究性学习是新课程倡导的一种学习方式，运用探究性学习方法能让学生从探究中主动获取知识，应用知识，解决问题。但并不是所有的问题都适合探究性学习模式，我们应该根据学生的认知基础选择是否用探究性学习方法，才能达到真正意义上的探究。

探究性学习是一种学生学习方式的根本改变，学生由过去主要听从教师讲授，从学科的概念、规律开始学习的方式变为学生通过各种事实来发现概念和规律的方式。这种学习方式的中心是针对问题的探究活动，当学生面临各种让他们困惑的问题的时候，他就要作出各种猜测，要想法寻找问题的答案，在解决问题的时候，要对问题进行推理、分析，找出解决问题的方向，然后通过观察、实验来收集事实，也可以通过其他方式（如查阅文献资料、检索等）得到第二手的资料，通过对获得的资料进行归纳、比较、统计分析，形成对问题的解释。最后通过讨论和交流，进一步澄清事实，发现新的问题，对问题进行更深入的研究。

探究式学习作为一种学习方式，它不同于科学家的探究活动。与科学家的探究过程的主要区别在于，探究性学习必须满足学生在短时期内学到学科的基本知识和学科的结构，所以这个过程在许多情况下都要被简化，比如：提出问题这个环节，在大部分的教学活动中，都是由教师提出问题，或由教材提出问题。在获取事实这个环节，常常是由教师和教材来确定研究方法、步骤、所用材料等，这样就省去了学生设计实验的环节。探究性学习中也要给学生提供进行完整科学探究活动的机会，这样的活动虽然要用更多的时间，但对学生体验科学家的探究过程是非常必要的。

探究性学习的最终目的是要学生掌握科学研究的方法，如果不亲自参与探究，学生就无法理解科学探究的艰难，无法体会科学家在科学研究中可能遇到的各种问题，以及科学家怎样通过一次一次的尝试来解决问题。参与探究可以帮助学生领悟科学的本质。

三、背景

1. 探究性学习理论的先驱

（1）培根提出把科学主要是看作"探究程序或方法"（17世纪）

培根指出："熟悉形式的人也就能够在极不想通的实体中抓住自然的统一性。"提出了知识和观点起源于感性世界的基本原则。他力主逐级归纳上升的科学程序，企图通过排除法和"发现表"去发现事实间本质的相关。

（2）杜威提出"从做中学"、"从经验中学"

第二次世界大战结束后，新的科学理论和技术不断涌现，自然科学的发展出现了前所未有的新图景。而这一切必然对以科学技术为基础的教育产生深刻的影响，传统的仅以文化知识教育为目的的教育体系已经不适应社会的发展，主要表现于：学校教育与社会需要之间难以适应的矛盾；教育内容与有限教学时间之间难以协调增长的矛盾；知识教育与能力培养之间的矛盾。这些矛盾集中反映了"学校教育就是知识教育"的传统教育已经难以适应社会经济与科学技术的新发展。因此，需要重新认识教育过程，改革教育观念、教育体制、教育内容和教育方法。

1957年苏联第一颗人造卫星发射成功使得美国受到极大的冲击与震动，引起了美国教育的又一次改革。同样，中国自改革开放以来，教育模式也在不断地朝着合理化、人性化、综合化的方向发展，因此，值此21世纪中国教育何去何从应该慎重地走好每一步棋，才能实现中国教育的新发展。然而，探究性学习方式则是改革大方向中不可避免的一个中心要素。

2．探究性学习理论的形成

（1）皮亚杰的"获得学习模式"

皮亚杰认为，学生的智力发展是在已有的认知结构的基础上不断同化和顺应外界环境的过程。学生通过主客体之间的不断建构和相互作用，即活动，来获得知识和经验，实现智力的不断发展。

对于科学课程的教学，皮亚杰将知识划分为三类：自然知识、社会知识和逻辑知识，并指出这类知识要求有不同的学习环境，因此教学就是为学生获得真正的知识创造环境。在科学课程的教学过程中，他不仅强调学习者参与活动的积极性，而且提倡让学习者体验科学实验的方法，包括提出假设和进行实验检验，让学习者通过实验将法则与数据资料并列发现或重新发现概念或原理。

（2）布鲁纳的"发现学习"

1959年9月，美国全国科学院在政府的支持和资助下，召开了专门研究改革中小学理科教育的伍兹霍会议。大会主席，著名的教育学家、心理学家、生物学家布鲁纳作了题为《教育过程》的著名报告，提出了应重视科学的知识结构，重视发展学生智力、培养能力的新教育观，并率先倡导"发现法"，锐意改革和创新教学方法。"发现法"作为一种有效的方法受到美国教育者的重视。

布鲁纳的"发现学习"，确实为探究理论学习奠定了基础，他的观点是：第一，强调教学应该激发和维持学习者的探究兴趣；第二，重视教会学习者学习，不但给他知识，更重视知识形成的过程；第三，教学序列要适应不同的学习者（即个性发展）；第四，进行信息的反馈和知识矫正（强调加强师生互动、交流，把评价引入到课堂中来）。

（3）罗杰斯的经验学习

他的观点是：第一，创造学习者关注的成长环境（强调教师的作用，有利于学生的学习，有利于改变观念）。第二，学习者应积极参与学习过程；第三，社会发展需要经验丰富和能够应变的人；第四，探究是一种自主学习的一种模式。

（4）萨奇曼的探究训练

他的观点是：第一，源于学生自主发展的信念；第二，通过训练教给学生进行探究的程序、策略和技能；第三，探究过程分为五个阶段；第四，教师在各个阶段的作用不同。

（5）施瓦布的诱发探究（首次提出"探究"的概念）

美国芝加哥大学教授施瓦布（J. J. Schwab）在1961年哈佛大学举行的纪念演讲会上作了题为《作为探究的科学教育》（Teacher of science as inquiry）报告，提出了与发现法相似，但更具有操作性的教学方法——"探究性学习"（inquiry learning）方法。关于探究性学习，他的观点是：第一，学生按照提出的科学理论和检验科学理论的结构方式揭示科学理论；第二，探究包括：接触情景、提出问题、作出假设、检验假设等阶段（没有推理）；第三，探究活动有五项技术（作为探究学习的理论正式诞生于1965年，是生物学科高中实验的成果）：A. 对问题的本质要做尝试性的说明和论述（假设）；B. 陈述科学探究的主要过程（设计探究方案）；C. 设置问题情景（教学的全过程），引导学生探究；D. 分组设计和实施探究方案（善于协作，富于团队精神）；E，诱导学生参与推理的过程（分析得出结论，对数据进行解读）。

由于探究性学习在解决教什么、学会什么方面更具体、适用，加之美国著名教育心理学家加涅对"探究性学习"从理念上进行了论证，而受到人们的重视。美国科学促进协会的教育委员会以"探究性学习"为核心编成了小学理科教材《科学——探究的过程》。桑德和特罗布雷奇在对探究性学习的技能进行了全面的研究后，提出了关于探究的五个方面的技能。（下表）

	收集技能	组织技能	创造技能	操作技能	传达技能
探究技能	倾听 观察 发问 探索 明确 收集资料 调查研究	记录 比较类似点 比较相异点 体系化 概括 评论 分类 评价 分析	展望 设计新问题 发明 综合	使用仪器 仪器保管 演示 实验 维修 制作 观测	提问 讨论 说明 报告 记录 批判 图表化 会教

（资料来源：《科学——种过程方式》）

（6）**M. Rowe 的探究与概念（20 世纪 90 年代·美国）**

第一，概念学习在发展"探究技能"中有重要作用。启示：既要重视知识，也要重视知识形成的过程。第二，在科学探究活动中教会学生运用已知概念也是探究训练的一项主要任务。

"探究性学习"强调科学概念、科学方法、科学态度三者的综合和对科学研究过程的理解。它所具有的这些特点，使其成为美国教育改革中最重要、最有影响的教学方法，并广泛地传播到世界其他国家。

　　总之，探究性学习模式是在现代教育不断发生变革的潮流中，通过吸纳各种传统的或现代的学习模式的优点形成和发展起来的。

四、特征

1. 指导性

　　我们知道探究性学习是在教师指导下学生运用探究方法进行学习，主动获取知识、发展能力的实践活动。也就是说，探究学习离不开教师的有效指导，那种让学生完全随意地自由探索，教师放任自流的学习并非探究性学习。另一方面，教师在探究性学习中的指导不是灌输或包办代替，整个探究过程和结论都由教师设定的学习同样不是探究学习。指导是探究性学习的重要特之一，这种指导更多地表现在教师的引领、促进、合作、监控和评价上。在学生自主探究学习前，教师要创设特殊的学习环境，给学生一种发现和能胜任的感觉，并为学生准备好各种供探究的材料。在探究学习中，教师要在探究问题的提出、探究的方法、合作交流、得出结论、成果展示等方面给学生以指导，随时解答学生的疑问。同时，教师在探究学习中还要给学生创造一个自主、合作、探究的空间，要建立平等、民主、和谐的师生关系，让学生在宽松、友好、激励和鼓舞的氛围中进行积极有效的学习探究。在探究学习中，教师还要认真观察学生的表现，在此基础上，诊断学生的思维，指出学生的错误或不足，促使学生发生改变，并逐渐走向更成熟的理解。另外，探究学习和其他学习方式一样，也是社会文化传承的活动，因此，当学生缺乏必要的知识基础时，教师在探究学习中的指导作用还表现为进行必要的讲授活动。

2. 建构性

探究性学习是一种知识建构的过程。所谓建构性，就是学习者从自己已有的经验出发，和客观环境互相作用建构知识。知识是人创造的，人为的，具有绝对的主观性。因为经验具有主体界定性，所以不同的人即使面对同样的客观环境建构的知识也是存在差异的。知识同样具有客观性，因为知识毕竟是人对客观世界的能动反映，知识与客观实在越吻合，这种知识也就越客观。探究性学习强调学生学习知识的建构活动，也就是既强调知识的绝对主观性，又强调知识的相对客观性。对知识绝对主观性的强调，也就否定了能把知识原封不动地传授给学生，这也就表明了学生必须在学习中占主体地位。同样，由于经验的不同，不同学生建构知识也就存在一定差异，在探究学习中教师必须尊重不同学生间的差异，不可千篇一律。强调知识建构的主动性，同样也必然否定那些形似而神不似的探究，因其只是走走探究程序，学生并没有真实的思维活动。同时，在探究学习中，学生知识的建构还必须具有相对客观性，忽视了这种客观性，必然导致学生建构活动的随意性，不负责任，盲目建构知识，完全与客观实践脱节，这在探究学习中也屡见不鲜的。教师放手让学生探究，结果没有目标，脚踩西瓜皮，滑到哪里是哪里。

我们强调探究学习的建构建，也就必然强调在探究学习中情境创设的重要性，这就要求将学生的探究学习置于真实的、复杂的情境中，这样才会引发学习者对知识和技能不同的理解。另外，将学习置于知识产生的真实情境中，学生的学习将经历类似专家解决问题的探索过程，这就能促使学生主动探索，自己解决问题，从而实现对知识的自主建构。

3. 自主性

探究学习具有建构性，但这种建构是学生的自主建构。这里，我们必须把自主性和主动性区分开来，因为，学生主动构建知识的方式既可以是探究性学习也可以是接受性学习，两者根本区别在知识构建的权利上。自主构建是教师把知识质疑与批判、鉴别与选择、探究与构建的权利还给学生，允许和尊重学生享有和承担的自主构建个人知识的权利与责任，使学生个人知识合法化并对自己的个人知识负责。而在接受学习中，教师是把知识以定论的形式传授给学生，教师决定提供和呈现哪些知识、什么见解的知识、以什么顺序提供等，学生被动地接受这些知识，并没有选择的权利，知识的权利还是在教师的手中。主动性和他主性也有所区别，如果要做个比喻的话，主动性是指教师扶着学生过马路，但学生毕竟还是要自己走，而他主性则是教师背着学生过马路，学生根本不用自己走路。如果教学完全是他性的话，则完全可以称之为灌输式教学，而与之相对的启发式教学则强调学生学习的主动性。

强调学生知识的自主构建性，要求教师放权，把学生视为有个性、有思想的人。在探究学习中，学生自主决定的要素包括探究的目标和意图、探究方案的策划与设计、探究方案的实施或探究行动的开展、对探究的反思与总结。但是，学生在上述四个方面并非都有很强的自主性，也就是说，学生的自主性又离不开教师的指导，学生拥有多大的自主性要依据学生的探究水平而定。对于那些高年级或探究能力强的学生，自主性水平相对较高，反之则低。

可以说，自主性是探究学习的核心和灵魂，也是与接受学习相区分的关键所在。如果探究学习的问题、方法和答案都由教师提供，则学生自主性水平最低，这样就是纯粹的接受性学习，即一旦学生的学习没有自主性，就不能称为探究学习。相反，如果探究的各个阶段都由学生来决定，则这种学习就满足了探究性学习的条件之一。

4. 信息资源的开发性和多元性

由于探究性学习环境强调学生自己对知识的主动建构，要求学生主动去搜集并分析有关的信息和资料，所以它要求各种教学信息资源要毫无保留地向学生开放。丰富的信息资源有助于学生探索和整合知识形成自己对知识的建构。同时，探究性学习环境鼓励学生通过分析、综合各种不同观点，以形成更为高级的观点。斯皮罗等人（Spiroetal，1991）主张，教学一方面要提供学生建构理解所需的基础，同时又要留给学生广阔的建构空间，让他们针对具体情境采用适当的策略。因而，探究性的学习环境中，信息来源应是丰富的，并允许学习者使用不同的表征模式以适应他自己的需要。另一方面，学习用品及其功能也发生了重大变化，学生所用的笔记本不再只是记录知识的场所，而将成为知识的加工场，学生要利用笔记本来整理、分析、思考所学的知识，并用它来帮助自己把不同来源的信息整合起来，练习本的作用除了帮助学习巩固、熟练所学的内容以外，还在很大程度上起到帮助学生深化对知识的理解作用。

5. 认知工具的多媒性

传统学习环境下，认知工具（更贴切地说是教师的演示工具）是单一的。但在探究性学习环境中，强调"以学生为中心"，所以学生在对知识的主动建构中，需要根据自己的特点选择不同的认知工具。另外，信息资源呈现方式的多元性也要求认知工具具有多媒性的特点。

6. 真实性

真实的活动是探究性学习环境的特征。确实，今天人们的普遍呼声是"真实的学习"。建构主义认为，教师应该在课堂教学中使用真实的任务和学习领域内的一些日常的活动或实践。这些接近生活的、真实的、复杂的任务整合了多重的内容或技能，它们有助于学生用真实的方式来应用所学的知识，同时也有助于学生意识到他们所学知识的相关性和有意义性。真实的活动是一个相对的概念。一个活动要和其他活动相联系才能判断是否是真实的。学习活动的真实性指学习者在学习环境中的活动与学习被应用的环境的联系程度。因而，真实性是一个关注于学习者的身体和心理活动迁移的问题。

7. 协同性

在探究学习中，只强调学生个体的自主性还不够，因为如果把学生个体的"自主构建"过于理想化，无异于把学生的探究学习看成"个人性质的活动"。由于个人的知识经验毕竟是有限的，仅靠个人的力量难以承担知识构建的责任，另外，我们还应该看到，探究学习也是一种社会文化活动。为此，我们提倡个体自主构建的同时，还要强调不同主体间的协商和合作探究的重要性，也就是我们所指的协同性。因为只有通过交流、对话和协商，多种观点才能被加以考虑，学生构建起来的知识和对问题的理解才能得以深化。要在探究学习中有效地协商和合作，就必须建立探究共同体，这个共同体应该有共同的目标、信念系统、行动方式和语言习惯。当然，探究共同体的建立需要一个过程，是在长期的意义协商实践中形成的属于每一个成员的共同文化。只有通过参与共同体的协商和合作，个体的自主性才有存在的意义，才有发展的可能。作为探究性学习中知识构建共同体各成员之间的协商和合作，协商是合作的基础、前提和关键，没有协商就难以达成有效的合作，合作的质量和成败取决于协商的过程和水平。总之，协同性是探究性学习不可或缺的特征之一。

8. 学生学习的反思性

培养反思能力以及自己的思维和学习的意识是探究性学习的一个核心特征，这意味着，学习者必须从事自我监控、自我测试、自我检查等活动，以诊断和判断他们在学习中所追求的是否是自己设置的目标。反思是自己思维与学习建构过程的一面镜子，它面对的是动态的、持续的、不断呈现的学习过程与学习者的进步。学习者通过反思可以更好地根据自己的需要和不断变化的情况修改和提炼自己的策略。因而，探究性学习环境应该鼓励学习者的反思能力。

五、关于"探究性学习"的分类

分类即是按一定的标准对事物进行归类。标准不同，分类自然不同。了解这些分类，有助于教师对当前进行的探究活动进行定位，以便更好、更恰当地开展探究性学习。这里我们简要介绍几种具有代表性的分类，并对这些分类综合成表，供教师在进行教学设计时参考。

1. 《美国国家科学教育标准》根据探究的目的，将其分为三类：

（1）科学探究。"科学探究是指科学家研究自然界、根据研究中发现的证据提出解释的多样化方式。"

（2）基于教学的探究，或称以教学为本的探究。这里，探究作为一种教学的手段，并非目的。目的是掌握科学内容、科学方法、科研能力。主要应用于学科课程及生活内容的学习。

（3）以探究为本的教学。这里的探究性学习指的是仿照科学研究的过程来学习科学内容，从而在掌握科学内容的同时体验、理解和应用科学研究方法，掌握科研能力的一种方法。探究既是学习的过程也是学习的目的。

2. 根据探究领域划分，分为科学探究（主要指自然科学）、社会探究、技术探究、符号探究、数学探究、心理探究等。

3．据学生在探究活动中主体作用的大小，将探究分为定向探究与自由探究。

定问探究：指学生所进行的各种探究是在教师大量的指导和帮助下完成的。自由探究：指学生开展探究学习时，极少得到老师的指导和帮助，而是自己独立完成的。当然，在这两极之间还可以划分成不同的水平。

4．根据思维的逻辑类型，分为归纳探究与演绎探究。

归纳探究：从个别或某类事例出发，经过探索得出一般结论的探究。

演绎探究：在教师给出概念或原理后，由学生自己探索它们与具体事例的实质性联系的探究。

第二节　探究性学习的意义

对"探究性学习"的概念、分类进行研究，不仅对于理论研究是必要的，对于实践研究同样具有极重要的意义。

我们通过对"探究性学习"概念的界定，有助于人们了解它的内涵和外延，正确区分什么是探究性学习，什么不是探究性学习，便于大家能在同一个平台上来探讨问题。在以往的一些探究性学习的研讨课上，我们常常可以看到这样的情况：有的老师认为探究与问题解决有关，于是就设计了一些问题，却常常不能区分什么问题是探究性的问题，什么问题不是探究性问题。往往把一般的问答式的提问、学生通过阅读教材就可以回答的问题作为探究性学习的内容。还有的老师认为，要让学生学会提出问题，就要设置情境，但是对什么样的情境有助于学生提出有探究价值的问题却很少研究。他们把更多的注意力集中于多媒体的制作和使用上。对探究性学习的分类进行研究，有助于我们更加深入、更加清晰地认识探究性学习的特点和不同类型的探究性学习之间的相互联系，也可以使我们在设计教学过程时有所依照。以往，教师往往在选择了让学生用探究的方式进行学习的内容后，就完全依据自己的经验和自己对探究性学习的理解设计教学过程。这样，必然会有较大的盲目性。我们了解了探究性学习的概念、特征和分类后，就可以在我们为学生所选择学习内容后，进一步对探究学习的教学目标（以教学为本还是以探究为本）、探究学习的领域、教师在其中所起的作用、思维过程的类型进行定位。在定位的基础上，我们再参考相应的探究模式，设计教学过程，使教学过程的设计更加科学、合理、有效。

1. 转变了学生的学习方式

学习方式不是指具体的学习策略，而是学生在完成学习任务的过程中表现出的基本行为特征和认知取向。学生传统的学习方式表现出"接受性学习"的特点，这种源于农业社会的学习方式其基本特征为"教师讲，学生记，下课看笔记，学生围绕老师转，对老师讲课之外的知识很少去涉及的局面。

学习资源利用情况和课内学习时间与课外学习时间之比的调查结果表明，探究性学习教学模式的开展，使得学生充分利用了学习资源，发掘了学习时间，有效地利用了更多的途径和方法去获取知识，改变了大多数学生以往较少涉及书本外知识的状况。

2. 转变了教师的角色

在研究中，95.4%的学生认为教师在探究性学习教学模式中起了指导、促进作用而不是灌输作用，正如联合国教科文组织曾在一份具有国际影响的教育文件《学会生存——教育世界的今天和明天》中对教师角色所作的描述：教师职责现在已经越来越少地传递知识，而是越来越多地激励思考；除了他的正式职能外，他将越来越成为一名顾问，一位交换意见的参考者，一位帮助发现矛盾论点而不是拿出现成真理的人。

3. 有利于学生学会共同生活

绝大多数学生认为小组合作学习有利于知识的获得，能增强与他人的合作能力，能改善同学之间的关系，这些结果显示，小组合作学习对学生的同伴关系、交流能力和知识的获得有着积极的影响，这与其他学者的研究结果相类似，这说明在小组合作学习过程中，学生之间相互学习、相互交流、相互碰撞、相互磨合有利于帮助他（她）们理解他人、分享彼此的观点和学习成果；有利于帮助他（她）们学到一些与人相处、与人合作的技巧。分享和合作也是社会对职业人才在未来工作中的要求。

总之，探究性学习教学模式的开展为学生提供了主动、开放、多元的学习环境，有利于引导学生学会学习，培养学生学习的主动性，弥补长期灌注式教育导致的学生主体精神和主动性的缺失，促进学生的全面发展。同时也要求教师提高自身素质，转变教育教学理念，以学生为中心，更多地提倡独立思考和主体精神，鼓励学生的创造性和挑战性思想。

第三节 探究性学习的弊端

1. 教学效率低，不宜作为获取大量知识的主要手段

探究学习需要一定的时间作为保证，否则就会使探究学习流于形式化。而当今信息爆炸的时代，需要人们源源不断地获取大量知识，如何每获取一种知识都需要探究的话，明显是不切实际的。课堂教学一节课40分钟，每节课都用来探究的话，必然会导致教学效率的低下。此外采用探究性学习，获得的知识的总量很有限，有时学生花费很多时间探究出来的知识不一定有意义。

2. 主要适用于逻辑性较强的学科及其内容的教学

不是所有的学科都很适于探究学习，人文性学科、技能性学科等，比如思想品德、艺术学科主要靠辨析、体验、欣赏等方式来学习，而体育、美术、音乐教学离开有效的训练而让学生去"研究"，显然有点"勉为其难"。而在语文教学中的阅读教学、听说教学则主要靠朗读、感悟、欣赏去完成。上述学科的学习尽管可以采用探

究学习，但显然不能以此为主，只能以辅助形式出现。

3. 要求学生具备相应的发现和探究经验，并建立有效的假设

与接受学习相比，探究学习具有很强的问题性、实践性和体验性，这就要求在探究活动中，学生首先要具有一定的发现能力和探究经验，只有具备了这样的能力，学生才能提出问题，建立有效的假设。

第二章 探究性学习的评价

第一节 探究性学习的评价

探究性学习的评价所关注的不仅是探究成果、学术水平的高低，还有学习内容的丰富性和探究方法的多样性，强调学生要学会收集、分析、归纳、整理资料，学会处理反馈信息。多元智能教学即非常强调评价的作用，对探究性学习的评价应有启迪。

一、多元智能理论探究：评价是最大需求

多元智能理论认为每个人至少有7种智能（即语言智能、数理逻辑智能、音乐智能、空间智能、身体运动智能、人际交往智能、自我认识智能等），不同的人形成了不同的优势智能和弱势智能的组合，从而在不同的学习环境中表现出不同的学习效率。教师要根据学生的智能特点因材施教，促进学生优势智能和弱势智能的互补。这和探究性学习的指导思想是一致的。

承认学生多元智能的存在，就应该以多种评价手段和方法去衡量不同的学生，才能发挥探究性学习的优势，让学生展示自己的长

处。多元智能理论提出的智能测试和传统的智力测验是不同的：1.它采用物质、器材、交谈提出需要解决的问题，而传统的智力测验仅使用纸、笔。2.它评估的结果只被认作是被评者智能的部分表现，不是其智能的唯一指数，也不与其他人比较排序；它只将受评者的强项和弱项加以比较，以利于提出未来学习方向的建议；其评估过程要向家长、教师，甚至向学生本人提出学习上的建议。根据这些信息，儿童能够加强自己智能的弱项，以便更好地满足学习的需要。

多元智能理论认为，提出评估是教学的最大需求。而探究性学习课程的实施也要以准确了解学习者的智能状态为先决条件。只有精心策划的评估过程，才能引导学生根据充分的信息作出适当课题领域的选择，才有可能在发生问题时有针对性地寻求补救的方法。对于智能缺陷的评估可以预测学习者将要面临的困难，并提出通过另外的途径达到学习目标的建议（如通过空间关系学习数学，通过语言智能学习音乐）。所以，评估在教学中扮演了中心的角色。

二、探究性学习评价的标准：过程、结果

探究性学习的评价要解决价值标准问题。探究性学习强调的是形成性评价，而多元智能理论觉得这是矫枉过正，对探究性学习的评价会造成误导。

科学史家库恩认为，把教科书上的知识当作不变的真理，把实验仅当作验证科学概念和原理的方法去教学生，容易使他们形成绝对化的科学知识观、错误的科学方法论和片面的科学发展观。这一

观点引起人们对科学教育的反思。施瓦布以"科学的本质是不断变化的"为前提，在"作为探究的科学"和"通过探究教学"两理论的基础上建构了探究性学习理论，指出探究性教学是"对探究的探究"。由于探究性学习理论在我国并无系统介绍，人们从零散的资料中很容易获得这样的印象：探究性学习就是要学生像科学家搞探究那样来学习科学，是只重过程不重结果。再加上杜威"除了探究，知识没有别的意义"及布鲁纳的"知识是过程，不是结果"等类似的言论影响，致使有的探究者认为探究性学习是"过程教育"，"不太在乎知识"。在这种"只重过程，不重结果"的观点之下，探究性学习变成重点学习科学过程技能，附带才是理解科学概念和原理，其极端就是使用什么原理或获得什么概念变得无关紧要了。事实上，即使真正的科学探究也不可能只重过程而不重结果，而是两者紧密结合的。说科学的本质是探究，是要求人们以动态的观点看待科学探究成果，而不是说科学探究可以脱离知识基础去建造"空中楼阁"。根据加涅的"学习条件"理论，作为结果的知识是任何学习的必备条件之一，没有知识作基础或不获得知识的学习是不成立的。即使是小学一年级学生，也需要从日常生活中积累许多感性的知识，才使新的学习和探究成为可能。加涅把学习分为三类：概念学习、规则学习、问题解决学习，而每一种学习都是以前一种学习为基础的。探究性学习应属于问题解决的高级学习，是运用概念和规则解决问题的学习。由此可见，探究性学习需要有一定的知识作为基础，某种理论作为指导，而学生也只有在探究结论的基础上，才能加深对科学本质的理解。可见探究性学习也不可能轻视结果。

三、多元智能理论的贡献：探究性学习的评价方式

对学生在探究性学习中表现出的特定智能（或智能的组合）进行评估，应当侧重该种智能所要解决的问题。如对数学的评估应提供数学领域的问题，对年幼儿童提问，尽量少使用语言；对年龄较大的儿童，在一个新的数字系统中作出推导证明也就足够了。多元智能理论探究认为，不能抽象地测量某一种智能。

探究性学习智能评估的一个重要方面是在使用该种智能的媒体时，看被评估者解决问题或创造产品的能力。所以，评估必须在被评估者有选择余地的时候，确定其最愿使用的智能。方法是使评估者置身于能激发他的多种智能的环境中，如一个孩子看了一部情节复杂的电影，其中几种智能的特征特别突出，如音乐迷人、人物关系复杂、有个谜团正待揭开，或形体动作精彩等，都有可能吸引他。孩子感兴趣的地方就是他的智能特点。或者将孩子带到一间有许多不同种类的器材和游戏的大房间里，记录他们在不同区域和不同游戏中所花费的时间，就可知道不同孩子的智能状况。多元智能理论的探究还提供了专题作业的 5 种评估方式：

1. 个体智能特征

指学生在作业中表现的认知智能的强弱及发展倾向，包括学生对事物的态度和倾向（如有无冒险精神）和个人的智能特征（语言智能、逻辑智能、空间智能、人际关系智能等）。

2. 对事物、技能和概念的把握

专题可能与学校课程无关或相互矛盾。这方面的评估，可以看出学生判断事物的能力、对概念掌握及运用的能力。教师可要求学

生根据所学知识的理解自己创设专题；学生也可挑选他希望包含在专题中的事实、技术和概念。

3. 作品的质量

专题的成果可由某个作品来体现，如喜剧、科学实验、历史叙述等。它们虽有各自的评价标准，但常用的质量标准包括创新与想象力、美学判断力与技巧、为突出独特概念对专题的发展及实施中的表现等。当学生持续创作某一类作品时，他会逐渐熟悉其评估标准，并学会在这一领域内进行思考。

4. 交流与专题作业为学生提供与广大观众、同学、合作者、教师和其他人交流的机会，学生也需要与他人交流有关发明和发现的技巧，因为这种交流过程与做实验和查资料完全不同。

5. 反思

即回顾已进行的工作、把握既定的目标、评估展、提出改革方案和应用从他人身上学到的知识和能力。教师和学生一起反思、检查作业，根据长期目标、行为方式与过去作业的相关性进行构想。学生可能将这种回顾和检查内部化，以致在没有外界帮助的情况下，也能对自己的作业进行评估。

多元智能理论认为，评估环境应结合实践的需要而设置；应将评估和课程联系在一起，在学生进行专题活动时，尽量促使他们展现各自的能力。

四、探究性学习评价的依据

探究性学习的评价是依据探究性学习的目标，对探究性学习实施的条件、过程和结果作出价值判断。因此探究性学习的目标是我们评价的主要依据。义务教育阶段 3—6 年级探究性学习的具体目标如下：

(1) 激发观察生活、发现与探究问题的兴趣；

(2) 初步学会观察与发现、发展探究问题的能力；

(3) 形成合作与分享的初步意识；

(4) 形成尊重科学的意识和认真实践、努力专研的态度；

(5) 初步形成对于社会的责任意识。

义务教育阶段 7—9 年级探究性学习的具体目标如下：

(1) 获得亲身参与探究活动的体验；

(2) 提高发现问题和解决问题的能力；

(3) 培养收集、分析和利用信息的能力；

(4) 学会合作与分享；

(5) 养成科学态度与科学道德；

(6) 增强公民意识与社会责任心。

教育部颁布的《普通高中探究性学习实施指南》（试行）对高中阶段探究性学习的具体目标作出了明确表述：

(1) 获得亲身参与探究的体验；

(2) 培养发现问题和解决问题的能力；

(3) 培养收集、分析和利用信息的能力；

(4) 学会分享与合作；

(5) 培养科学态度和科学道德；

(6) 培养对社会的责任心和使命感。

五、探究性学习评价的原则

探究性学习的评价原则是指在进行探究性学习评价时必须遵循的行为准则。它应体现探究性学习的目的和价值。因此应重视学生在探究性学习过程中的自我评价和自我改进，使评价成为学生学会实践、反思、发现自我、欣赏别人的过程。在探究性学习的评价中应遵循以下原则：

1. 主体性原则

当代教育评价最重要的原则之一是主体性原则。因此在对探究性学习评价时，必须体现主体性的原则。探究性学习的评价者可以是教师、教师小组、学生或学生课题小组，也可以是与此相关的部门和单位。探究性学习是以学生自主活动为主的课程，只有学生才能真实地评价它的内容、评价它的实施过程是否满足了他们的需要。在探究性学习评价中要重视学生的自我评价，其评价必须体现以学生为主的原则。主体性的原则不仅表现为评价者与被评价者的一种新型的平等关系，而且尽可能地在评价中做到主客观的高度统一。

2. 发展性原则

发展性原则是指评价要达到的目的，不仅仅是开展探究性学习目的本身，更重要的是为了促进学生的发展，为学生的发展服务。发展性原则要求：以育人为本，突出学生评价的主体地位。重视评价的发展功能，必须突破传统的甄别与选拔的影响，建立一种能促进富有个性差异的每一位学生的全面发展与提高的发展性评价，主要看学生的现在比过去取得了哪些进步，指向不同个性的评价，要肯定每个学生竭尽全力的价值。只要言之有理，探究方法又正确，就是成功的。鼓励学生的每个想象、创造和实践，激励和维持学生在探究过程中的积极性、主动性和创造性。

3．过程性原则

过程性原则是指探究性学习的评价不仅关注学生探究的成果的质量，更关注学生的参与过程，即学生对认知、思维、情感、态度、方法等方面的体验。"发展诸如兴趣、愿望、态度、鉴赏、价值观、义务感或志愿感、意志力等特征，是教育上最重要的理想之一。"过程性原则要求评价贯穿学生探究性学习的实施前、实施中和实施后的整个过程。学生也应参与评价的全过程。

4．应用性原则

应用性原则是指探究性学习的评价重视的是学生能否把学到的知识和技能应用到实际问题的提出和解决中去，联系生活实际，在问题的提出和解决过程中主动获取知识、应用知识。探究性学习的评价关注学生探究结果的获得，更关注学生对知识技能的应用。

六、探究性学习评价的内容

在探究性学习评价的内容上，应从学生的认知、情感、能力、态度、行为等方面多视角出发进行综合评价，着重对学生的个性化的表现进行评定，进行鉴赏。评价的内容一般由以下几个方面组成：

1．学生参与探究性学习的态度

学生参与探究性学习的态度可以从许多方面外显出来。例如，是否认真参加课题组的每一次活动？完成自己所承担的任务是否努力？是否积极搜集资料？是否积极分析和处理资料？是否主动提出设想和建议？在学习中是否不怕困难和辛苦等等。

2. 学生在探究性学习活动中的合作精神

对学生在参与小组及班级、年级探究性学习活动中的合作态度和行为表现进行评价。例如，是否乐意帮助同学？是否主动和同学配合？是否善于听取和采纳他人的建议？是否正确对待不同意见？是否对班级、探究小组的探究性学习积极贡献自己的力量等。

3. 学生创新精神和实践能力的发展情况

不仅看学生在探究活动中发现问题、提出问题、分析问题和解决问题的过程中所表现出来的创新精神和实践能力，还要通过学生探究性学习活动前后的比较和几次活动的比较来评价其发展状态。例如，探究方向是否清晰？探究方案是否可行？探究手段选择是否正确？探究结果是否具有新意等等。

4. 学生对学习方法和探究方法、技能的掌握情况

对学生在探究性学习中各个环节掌握和运用有关方法、技能的水平进行评价。例如，查阅资料、调查探究、观察、对资料的归类、数据统计分析、运用现代技术等技能、方法的掌握和运用水平。

第二节　探究性学习评价的涵义

一、探究性学习评价的性质

现行的教育评价体系是一个常模参照评价主导的评价模式，它鼓励学生、老师、学校和地区之间，为提高学生的考试成绩而进行竞争，去争夺短缺的高等教育资源，而不是鼓励探索通过教育有效促进学生的全面发展。探究性学习评价与传统学科的评价有很大的不同。

因为探究性学习更关心学习的过程，学生是否掌握某个具体的知识并不重要。关键是能否对所学的知识有所选择、判断、解释、运用，从而有所发现，有所创造。在探究性学习的实施过程中，有些其他课程学习成绩不是很好的学生在这门课程中都表现出很强的能力，而有的平时学习成绩很好的学生却表现平平。从实践来看，只靠某一单科现成的评价模式和方法根本无法解决探究性学习的评价问题。如果用单一定量的方法评价探究性学习，无法量化课题研究中的一部分工作和收获；用单一定性的方法评价探究性学习，又会出现课题组之间和课题组成员之间一部分人不劳而获，挫伤贡献大的学生的积极性。因此，探究性学习评价是一种发展性评价，是为了促进学生创新精神的培养和实践能力的提高。不能仍然套用传统的单一的学科评价方式来评价探究性学习，把学生分成三六九等，贴上优良中差的标签。而应该以多种评价方法去衡量不同的学生。正如卡罗·汤姆森所说："评价应该是永远更好地帮助学生成长，这比把学生的错误进行归类更重要。"这样才能发挥探究性学习的优势，让学生展示自己的长处。

二、探究性学习评价的特点

探究性学习的评价应重在学习过程，重在知识技能的应用；重在亲身参与研究活动的感悟和体验；重在学生的全员、全程参与。

探究性学习的评价具有以下几个特点：

1. 全程性

全程性指探究性学习是重过程的课程，学生在探究性学习过程中的体验、收获是我们所追求的。因此，在对学生进行探究性学习评价时，不仅重视最后的研究报告和成果展示，而且特别重视"问题"的提出、立项、实施研究、研究结果的总结、成果的表达与交流等研究过程。不仅重视对课题研究的直接成果的评价，而且重视对学生在整个探究性学习过程中的多种收获与体验、多种能力与品质的评价。不仅重视对学生掌握知识的数量进行评价，而且更加重视对学生综合运用学科知识解决问题的能力进行评价。

2. 多元性

多元性指探究性学习评价主体的多元化。探究性学习着力构建学校、社会和家庭有机结合的评价网络，使教师、学生、家长和其他社会成员都参与到评价中来，形成多元化的评价主体。探究性学习的评价者可以是一个教师，也可以是由一群教师组成的教师小组；可以是学生本人，可以也是由一群学生组成的学生小组；可以是家长，也可以是与探究性学习开展的内容有关的企业、社区或单位。如果有的成果在报刊上公开发表或参加评奖，这意味着专业工作者和新闻媒体也扮演了评价者的角色。

3．多样性

多样性指探究性学习评价手段、方法的多样性。单一的评价形式和方法在探究性学习开放的实施过程中是极不合适的，只有运用多种评价形式、评价方法才能充分发挥评价的导向作用和激励功能。

第三节　探究性学习评价的实施

科堂知识教学的评价主要是通过考试来进行，一有标准答案，二有考试分数，孰优孰劣就基本清楚了。而探究性学习的评价除了应当重视结果，更应重视学习的过程。评价学生探究性学习的优劣，要看他有无独特的观察、独特的思考、独到的发现和思维的逻辑规范性以及科学方法的应用等等。尽量使用个体内差异评价，判断学生在探究性学习过程中的进步程度，使学生了解自己，找到差距和不足，以便努力学习，不断进步。它是一种纵向比较评价，有利于形成学生的创新能力。

一、探究性学习评价的主要环节

探究性学习的评价伴随着学生探究性学习的全过程，旨在激励与启发，重在推动学生主体学习，着眼学生发展。关键是要把这种评价思想体现在学习的全过程，使评价日常化、通俗化，引导学生人人都去捕捉、发现别人身上的闪光点、创新点、发展点，让学生感受到自己是评价的主人。操作时，应用各种形式对学生的探究情况有序地进行跟踪评价，避免探究过程失控。重点搞好以下几个环节的评价工作：

1. 进入前评价

进入前评价主要对学生开展探究性学习之前的准备情况、兴趣、重视程度等进行评价。

2. 开题评价

开题评审会由校内外专家、教师组成专家评审小组，听取探究小组的汇报。在评审过程中可由探究小组一名同学为主陈述，其他同学共同参与回答专家小组的提问。评价主要关注学生发现问题、提出问题、解决问题的设想的意识和能力，促使学生以积极的态度进入到解决问题的过程中去。具体方法上，可通过活动记录、调查表、观察记录、自我评价、开题报告会等。对选题的可行性、新颖性和探究计划的合理性等进行评价。

3. 中期评价

中期评价是检查探究计划的执行情况，探究中资料积累情况，探究过程中遇到的问题和解决情况，以及探究中遇到的困难和克服困难的情况。主要是评价学生在探究性学习过程中的创新性、科学探索精神和合作精神。现将岳燕宁在《探究性学习的探索与探究》一文中列举的主要评价指标介绍如下：

（1）开展探究活动的情况：关于搜集文献的情况；关于上网搜集资料的情况；关于聘请教师开设讲座的情况；关于出外调查的情况；关于校内外实践的情况；关于学习探讨的情况。

（2）探究性学习的阶段性成果：主要文章、主要成果。

（3）小组成员合作情况。

（4）阶段探究中的主要收获和体会（知识、能力、情感体验等）。

（5）存在的主要问题：关于课题本身需要突破的问题；探究过程中的问题。

（6）需要支持和帮助。

中期评价以自我评价为主。

4．结题评价

结题评价不仅包括对探究成果的评价，而且是对学生参与探究性学习全过程的体验情况、资料积累、成果展示和交流、答辩等的评价。主要评价：

（1）结题报告的科学性、实践性、逻辑性、创新性；

（2）课题探究成果与原计划中目标的达成度；

（3）探究的假设是否成立；

（4）课题探究材料的完整性；

（5）陈述探究成果时的条理性、科学性、熟练性、自然性；

（6）学生答辩时的应变能力；

（7）探究小组成员的合作与团队精神；

（8）与人沟通的能力和技巧；

（9）计划与组织能力；

（10）学生在探究中发现问题的能力、创造性的思维火花、创造性的建议、创造性的设计方案、创造性的小制作等创新精神；

（11）探究成果的创新性；

（12）探究结论的信度和效度。

二、探究性学习评价的方法

探究性学习的评价方法应努力克服教师包办的旧模式，倡导民主评价。正如教育评估性理论家强调的："要使评价成为学生自己的事"。所以，在探究性学习的评价中，必须重视学生的自我评价。可以采用教师评价与学生自评、互评相结合，重在学生自我评价；有统一标准的评价和关注个别差异的评价相结合，重在差异性评价；对探究小组的评价和对探究小组成员的评价相结合，在对小组评价的基础上根据个人表现，评出个人成绩；对书面材料的评价与对学生口头报告、活动、展示的评价相结合；定性评价与定量评价相结合，以定性评价为主；综合评价与分解性评价相结合，以综合评价为主等方法。具体评价时，可以采用以下方式：

1. 档案袋评价

档案袋评价就是收集学生在某一科目学习过程中的作品，以学生的现实表现作为判定学生学习质量的依据的评价方式。

20 世纪 80 年代以来，档案袋评价在西方一些国家得到了广泛的运用与推广，档案袋评价主要是建构主义学习理论在教育评价上的反映。建构主义学习理论认为，知识在不同的情境中需要被重新建构；学习是真实生活的应用，是不同水平的学生在多方位的人际活动中的主动建构过程。所以，这样评价技术旨在提供有关学生的实际水平，重视发展的过程，从多角度、多侧面来判断每个学生的优点和可能性。美国南卡罗来纳大学教育学院教育心理学教授格莱德勒，以档案袋的不同功能为标准，把档案袋评定分为：①理想型；②展示型；③文件型；④评价型；⑤课堂型。其中最有代表性的是理想型。

理想型档案袋主要由作品产生过程的说明、系列作品以及学生的反思等三部分组成：

（1）作品产生过程的说明。主要是学习计划产生和编制的文件的记录。通过这部分档案集记录的内容，学生选择目标与制定计划时的理想就能展现出来。它的形成可以多种多样，如既可以是伴有说明的一系列草图，也可以是在计划过程中录下的几盒录音带。

（2）系列作品是学生在完成某一学习计划的过程中创作的各种类型的作品集。如果说，对一项作品产生过程的记录表明了学生在某一学科领域中成就的深度，那么档案袋的第二个组成部分即学生的系列作品，则表明了学生取得成就的广度和范围。

（3）学生的反思记录。它对于学生在学习上的成长尤其重要。在学期的不同时间里，教师要求学生充当专门批评家或传记作家的角色，让学生描述自己作品的特征、自己在成长过程中所发生的进步、已经实现的目标等，这些都可作为反思记录的内容。通过这种反思，一方面为学生的成长提供了重要契机，另一方面也培养了学生自我反思和自我教育的习惯。

档案袋记录了儿童在某一时期的一系列成长"故事"。其优势主要体现在：

（1）档案袋的主要特色是能够"描绘"儿童的成长过程与儿童各自的特长和兴趣。

（2）档案袋内容的收集及其评价可能反映儿童的自我反省或元认知能力，反映儿童自我监控学习的技能。

（3）档案袋中不同类型的内容可以反映儿童的"完整"系统：儿童掌握知识的程度与长处（能做什么及不能做什么）、对"作品"的解释及对自己的"看法"、儿童在某方面的"才智"、儿童的兴趣和爱好等。

（4）由于档案袋内容的收集过程往往需要相当长的一段时间，由此，可以反映儿童的毅力、努力与上进心。

（5）档案袋可以反映儿童思维和解决问题的能力、运用策略和程序性技能的能力，以及建构知识的能力。

（6）对教师来说，档案袋的内容可以帮助教师获得儿童学习模式的信息，由此作为教师设计课程与教学计划的基础。

（7）帮助教师形成对学生合适的期望，有助于改变师生关系、家长和学校的关系。

档案袋是学生探究性学习的档案记录。在档案袋的制作过程中，学生是选择档案内容的决策者和作品质量的决定者。一般积累的资料和信息主要有：观察所得的信息、作业实施的标本、考试信息群。例如：学生参加探究性学习的时间、次数、内容和行为结果；观察日志、讨论过程、访谈记录、探究计划、论文、作品、结论、感想、他人的评价等等方面的内容。

2. 成果模拟鉴定

由校内外有关专家、教师组成鉴定小组，对学生探究性学习的成果进行鉴定。由学生先陈述探究成果，鉴定小组的专家提问，课题组的成员就专家提出的问题进行口头答辩。虽然我们常常强调探究性学习注重学生的学习过程，但这并不是说，学生的探究成果不重要。也不可轻视探究成果。专家们通过对学生探究性学习成果的鉴定，可以看出探究性学习课程课题探究的实施情况。

3. 实作评价

实作评价是对学生解决某个来自真实情境中的问题的一种评

价。实作评价强调提出问题让学生解决，关注学生是怎么想的、怎么做的。这种评价常常在学生做作业、参与感兴趣的作品制作、交流思想等情境下进行。

三、探究性学习评价结果的表示

评价结果的表示有以下几种方式：

1．等级

采用等级式，分为优、良、中、及格、不及格。

2．学分

采用学分制。学分制可以分为基本学分和奖励学分。对完成探究性学习任务的给基本分，对有创见的另加奖励学分。

3．评语

采用评语认定，或者发给有关证书。

4．分数

一些学校采用先定性，后对其"赋值"，进行"二次量化"，使评价结果更加明确和直观。

学校还应开展争创探究性学习的优秀班集体、优秀探究小组、优秀个人和优秀探究成果等的奖励活动。学校应将优秀学生论文或探究成果汇编成册，向有关部门介绍或推荐发表。

第三章　限制探究性学习能力的因素

第一节　试卷成绩的干扰

现行小学考试集中体现了应试教育的指导思想，而应试教育又是现行基础教育当中某些弊端的集中体现。如何摆脱应试教育的束缚，继承现行基础教育的优良传统，实施素质教育、开发学生的探究性学习能力？我们首先应做的工作就是，冷静剖析现行小学考试弊端，以改革现行小学考试制度为突破口，来推进素质教育，来培养学生的探究性学习能力。

一、现行中小学考试制度——冷酷的筛子

人们在教育实践中逐步摸索出了测量学校教育效果的方法，从要求学生掌握的教学内容中抽样部分内容，再编制成便于回答的问题，等待学生按要求回答后，再对回答的结果进行评等或判分。这就是通常的考试。我国现行小学考试基本沿袭这套方法。教师对学生的评判，学校管理者对教师的评判，教育行政部门、社会对学校的评判就主要用这套考试方法测量的结果作为依据。

但是，这套考试方法的目标的实质犹如一个冷酷的筛子，对学生进行筛选，对教师进行筛选，对家长进行筛选。首先，这种教育测量不利于学生的自主发展，更不利于学生运用全方位的思维来进行探究性学习。学生从迈进小学校门的那一天起，便落入了这个无情的筛子。这个筛子将尚未展示出发展潜力的学生分成了重点的与非重点的，分成了优、良、中、差。考试对学生所做出的不仅是成绩评判，考试的结果带给学生的，可能是影响其一生的错误的自我意向。不合理的"评判之筛"使相当多的学生失去了自信，失去了发展自己的最宝贵的精神支柱。这种不合理的评判，剥夺的不仅是学生黄金般童年的快乐，大大抑制了学生探索发现的心理。为了在考试中获得好的评判，学生必须记住课本上的、练习册上的、老师所讲的"标准"答案，不管理解与否，同意与否。对学生来说，学习已不再是一种乐趣，不再是通过自己探索而得来的东西，那种充满好奇心的渴望心理渐渐消失，从而是学习成为一种负担，一种不得已而为之的压力。考试带来的不仅是学生的厌学心理，更为严重的是，它损害了一个民族的探索精神和创造精神。

同时，对学生的评判直接决定对教师的筛选，现行的考试方法对教育的真正含义出现了理解上的偏差，教育的目的性和教育的规律性严重错位。不合理的评判将每位教师的工作压缩成一个个分数，这些分数无视复杂的客观因素，只展示应试的最终结果，而这结果又关系到每位教师的荣辱升迁。于是学校教育被压缩到应试的狭小空间，不少老师暗自滋长着这样一种心态：要让自己所教的学科统治学生有限的时间。它表面上调动了教师的积极性，但最终的结果是教学中违背教育规律的行为屡有所见，教育的目的变为不择手段地争取好的分数，教师付出无尽的辛苦的同时，知识的量却在减少，质却在下降。考试扼杀了教师教学的创造性，制约了学生个性的发展，制约了学生创新能力的开发，实际上动摇了中小学教育这一基础教育，损害了中小学生探究思维的形成和终身能力的铸造，最终将影响社会的发展。

现行的考试制度不仅贯穿于整个中小学教育过程，而且直接影响到每个学生的家庭。家长，特别是城市家长，在成为教师传授知识的教学助理的同时，也接受了子女被筛选的痛苦。这个现实迫使父母们忽略了子女除学业以外的其他素质，其中包括实践能力、自我兴趣、研究探索能力和道德情操。被筛选的孩子在家庭中接受的是与学校一样的压力，甚至是责骂与棍棒。考试分数的不尽如人意，竟然成为孩子们痛苦的人生起点。如此一来，学生会形成这样一种心理"只有取得好的考试成绩才能得到认可和奖励，否则便是惩罚。"于是那些"标准知识"便更加标准化，最终使得学生完全丧失了探索的能力和积极性，使其好奇心在童年或青少年时期泯灭耗尽。

二、现行中小学考试内容——"面向过去"

现行的中小学考试看重对学生过去学习结果的评判，考试考什么，教师就教什么，学生就只能学什么。考试内容的选择，局限于既定的学科课程，局限于学生已学过的教科书上的内容。考试对于如何联系不同学科、课程之间的知识，如何扩充学生的知识面，开阔学生的文化知识视野，如何促进不同学科知识及思维方法的相互迁移，如何在中小学阶段培养学生"面向未来"的研究力和创造力，特别是对如何提高未来社会所需人才的自主探究、灵活应变、开拓创新能力，高度的事业心和坚忍不拔的意志等素质，均未给予应有的重视。而考试内容选择的注意力集中在浅层次的认知领域，较多地服务于确定学生获得"证书"的资格，对情感领域和动作领域的考查却很少甚至基本不涉及。学生在学习过程中表现出的创造性和潜在能力更不是"证书"关注的重点。考试测量出的结果只是让教师、学校、家长判断学生掌握知识的程度，只是让教育行政部门判断学校当前的教学情况，而学生可能的发展却被忽视。这种判断带有明显的功利性，企图以最简单的方式判定学生的学习效果，判定教师和学校的工作效果。

显然，这种考试内容的选择受到了传统命题理论的支持，忽视了中小学教育的特殊性，不管学生群体实际分布状况如何，要求每次考试分数应满足正态分布，并武断地将排位在后的若干名学生统统列为"差生"。教师、学校、家长、社会通过一个个概括、抽象、枯燥的分数对活生生的学生进行排队，划出等级，区分优劣，而对学生可能的发展却视而小见。由此可见，现行小学考试在内容选择上"面向过去"，而不是"面向未来"，阻碍了学生自主的发展，抑制了学生的探索精神。

三、现行中小学考试功能——突出结果，弱化过程

学校和教师根据某种需要，通过考试对学生已掌握的知识程度作出判断，揭示出哪个学生掌握知识程度高，哪个学生掌握知识程度低，是否符合考试的需要，而学生掌握知识的程度对今后的继续学习和个性的发展起什么作用，起多大作用，并不关心，只是按掌握知识程度的高低就简单地确定出相应的"优生"和"差生"，并

不考虑知识的来源。同时，在实际的教育活动中，由某次考试分数判断出的"差生"，至少要等到下一次考试分数出来后，才有可能摆脱"差生"阴影的笼罩，否则，"差生"这顶羞辱人格的帽子将伴随不幸的孩子走出校门。考试主要被用来决定谁可以进入高一级学校，考试分等级的制度，每学期或更为频繁地把学生加以区分，使得学生无法顾及知识的来源与真实性，失去了探究能力。

由于现行中小学考试重结果轻视求知过程，以单纯的分数评价代替智能的全面评估，笔试一统、一卷定论的考核方法，导致部分教师弱化研究先进的教法和学法，强调学生死记硬背，忽视学生的能力培养和智力开发。这样，中小学教育就难以确保所有学生，特别是所谓"差生"在中小学阶段有所进步，有所发展，尤其是小学教育，处于懵懂年龄的儿童，丧失了最纯真的欲望与渴求后，渐渐不再去探究知识而只懂得接受，这使得每一个学生适应未来社会的生存能力大大弱化。

考试是学校教育的常规形式，是教育过程的一部分，属于一种教育活动。考试的过程应是教育学生与学生自我教育的过程，应是教师与学生互相促进的过程，而现行的中小学考试与教育教学过程的界限径渭分明，其主要目的在于检查学生的考试结果，忽视考试过程中的教育性，忽视考试之外的对学生探究力、自信心、意志等方面的教育，教为分数负责，教为考试服务。

四、现行小学考试形式——单一、僵化

考试是一种评价活动，作为评价活动的主体——教师，必须对评价客体——学生，选择评价的角度——考试形式，从而获取解释

学生心智发展水平和可能发展的信息，这种选择和解释是考试的前提。而这一活动的完成，依赖于教师在该次考试之前所具有的心理背景和认识图式。也就是说，教师的心理背景必须与学生的心理背景相协调，教师应心理换位到学生角度，充分考虑学生的需要，充分尊重学生正常的心理规律。而现行小学考试却以笔试一统、教室内定时完成的单一形式为主，这种单一、僵化的考试形式不仅未考虑到学生的心理背景，甚至违背了小学生正常的心理规律。这里仅以小学生内部言语的发展规律为例，分析违背小学生心理规律的单一考试形式：小学生内部言语一般经历三个发展阶段，即出声思维阶段、过渡阶段、无声思维阶段。低年级学生尚处于出声思维阶段，还不会在脑中默默地思考问题，只能在出声的自言自语中思考，这种自言自语是内部言语发展的基础。但相当多的中小学校规定低年级学生完成 120 道口算题的时间为 5 分钟才算合格，才能满足评价者此次考试的基本需要，这确实有悖于小学低年级学生内部言语处于出声思维阶段的心理常规。俄罗斯著名教育学专家塔季扬娜·卫捷涅娃指出，教师应当明白每个年龄段的孩子都会有些什么表现，学校教育应当面向孩子，面向他们的需要。小学考试必须尊重学生心理规律，采取灵活多样的考试形式和方法。

以前对于中小学考试弊端进行了指出，并简要说明了其对于学生探究性思维的抑制，但并不意味着现行的中学小学教育制度以及考试制度无一是处，其中也不乏优点之处。

考试是教育教学工作的重要环节，没有考试，教学过程是不完整的，古今中外的正规教育都把考试作为考核学生成绩、评价教学效果、选拔人才、促进学生学习进步、激活教育者教育积极性的重要机制。正确理解和掌握考试的目的和方法，对促进受教育者的学习，改进教学工作，提高教学质量，培养和选拔人才有重要意义。一般认为考试有以下作用：（1）考试能对学生的学习起到激励和导向作用。考试对学生学习的进步情况及其成绩是一个较为客观的检验；考试的举行，促使考生对某阶段所学知识加以系统回顾和整理，有利于知识的巩固。考生为了争取优异成绩，就要很好地理解知识，牢固地掌握知识，熟练地掌握技能，对学生的学习起激励、鞭策作用。另外，通过考试考生可得知自己在知识和能力上的问题所在，以便找出原因，纠正错误，改善学习态度，改进学习方法。（2）考试能对教师的教学起到诊断和反馈作用。考试成绩的评定反映了教师的教学水平以及教学中存在的问题，教师通过对考试所反馈的信息进行认真、深入的分析研究，有助于及时调整教学内容和改进教学方法，针对学生学习中存在的问题和不足及时予以矫正补救。（3）考试有助于教学管理水平的提高。教育管理者通过考试可以检验教学目标实现的情况和教学措施产生的效果，发现教和学两方面存在的问题以及管理工作中的薄弱环节，针对存在的问题进一步改善教学管理，提高管理水平。（4）考试的区分作用。升学考试和各类统考，对学校、教师、学生来说是一种竞赛，可以对学生学习质量、教师教学质量、学校办学水平等进行评估和鉴定，促进教育质量的提高和学生素质的发展。（5）考试的选拔人才作用。通过高考等各种选拔性考试，实现公平公开竞争，选拔各级各类合格或优秀人才。当然诸如此类的益处还有许多，在此就不多介绍。凡事都具有两面性，本书仅为了探究考试对探究性学习的影响故不再延伸探讨考试益处。

中小学是基础教育的基础，中小学考试在很大程度上决定着中小学教育的方向。我国现行小学考试制度的种种弊端警示我们：为了学生的发展，为了国家的未来，必须改革中小学考试。

第二节　传统学习观念根深蒂固

我们正处在知识经济时代，知识不断更新，环境不断变化，变革与发展是这一时代的主旋律，任何人仅凭以往的知识和能力已经难以适应激烈的竞争，终身学习的重要性比过去任何时候都显得突出，因为未来唯一持久的竞争优势是有能力比你的竞争对手学习得更快更好。但是，人们倡导学习时，往往只侧重于学习的具体内容和具体方法，而对于制约整个学习过程的学习理念，却很少进行必要的反思，一些片面的甚至是错误的观念长期禁锢着人们的脑，影响着人们对学习的态度和认知。

长期以来，人们笃信学习必须刻苦，一味地倡导刻苦学习；功利至上，以成败论英雄；突出个体，过分强调竞争；割裂身心，把学习视同"坐禅"。这些观念与知识经济时代所推崇的终身学习理念并不完全相符。终身学习的真谛在于不断学习以求更好地适应环境并推动变革，如果学习观念跟不上时代，又怎么可能真正做到学会适应、学会变革呢？有鉴于此，有必要对学习本身进行深刻的反思，革新学习观念，使终身学习的理念真正深入人心。

一、刻苦学习：苦化学习，令人生畏

美国学者爱德华·霍尔 1976 年在《超越文化》一书的开篇写道："从某种程度上说，美国正在把人类最有回报的行动（学习）

转变为一个痛苦的、乏味的、迟钝的、支离破碎的、压抑思想和使心灵枯萎的经历。"

霍尔所批评的现象，绝不仅仅出现在美国，而是一种非常普遍的文化现象。人们一提起"学习"，自然而然就会联想起手不释卷、废寝忘食、伏案苦读、挑灯夜战之类的景象。在很多人的心中，学习似乎是与疲劳的对抗，与困倦的搏击，与怠惰的较量，与安逸的决裂。每当家长关心孩子成绩，老师教育学生用功，领导要求下属学习时，时常挂在嘴边的一句话是："好好读书，刻苦学习。"

这种观念的形成有着长期的文化积淀。在传统文化教育中，大量与"劝学"相关的故事、诗文、逸闻、格言、警句，几乎都异口同声地强化一种观念：学习必须刻苦。诸如，"学海无涯苦作舟"，"业精于勤荒于嬉"，"为伊消得人憔悴"，"板凳坐得十年冷"，"十年寒窗无人问"，"头悬梁，锥刺骨"，"凿壁偷光"等等。

传统观念倾向于使学习本身变得乏味和枯燥，学习与刻苦天然地结合在一起，几乎成为"吃苦"的代名词，致使许多人误认为学习是一种强迫行为，是一件折磨人的苦事。学习中的愉悦与自由被排斥，取代它们的是苛刻、刻板、紧张、禁闭、监控和快乐感的禁止。人们被约束在乏味的、枯燥的环境或状态中学习。又何谈"探究性学习"，因而探究性学习能力也渐渐无法得以体现。

自古以来人们一直处在"刻苦学习"的重负之下，谁也没有怀疑它的动机和效果，甚至于不容置疑地把所有的学习成就都归结于吃苦耐劳，隐含的信仰都是"几分汗水几分收获"。谁也无法企图不经过艰苦的努力而学有所成，"少壮不努力，老大徒伤悲"。研究式、愉快而轻松的学习达到良好学习效果是不可思议的，丰富的、富有激情的、野性的想象力必须受到压抑和驯服。这种思维至今犹存，许多人潜意识里仍然受此折磨。

毋庸置疑，学习是一个长期的、持续不断的过程，不可能一蹴
而就，没有持之以恒的毅力和耐力，难以真正得到学习的回报，因
而"刻苦"观念有激励人们通过不懈努力而学有所成的积极意义。
但是，过多地、不恰当地渲染学习的刻苦成分，往往事与愿违，使
人们自觉或不自觉地对学习产生畏惧感，认为学习苦不堪言而放弃
努力，从而使探究式缺少了主体。

一个显而易见的事实是，由于时代的变迁，学习的方式与要求
发生了很大的变化。据专家分析：农业经济时代只要7岁～14岁接
受教育，就足以应付往后40年工作生涯之所需；工业经济时代，
求学时间延伸为5岁～22岁；在信息技术高度发达的知识经济时
代，每个人在一生的工作生涯中，必须随时接受最新的知识，持续
不断地增强学习能力，知识经济时代的人类必须把教育延长为"80
年制"的终身学习。

一个人即使学到最高的学历，在校期间的学习也是"遥遥无
期"，刻苦不过是阶段性的，而就业后的学习却是"有始无终"。
按照学习等于吃苦的逻辑，终身学习岂不成了"此苦绵绵无绝期"？
终身学习的主张还能有多少感召力？终身学习的动机首先来自学习
者自身，任何强加的或胁迫的学习都不可能持久。被"苦"化了的
学习，令人避之犹恐不及，不可能持续地激发出学习者的主动和热
情。当然这里的刻苦学习并没有错，学习本就应该刻苦。但面对新
的时代我们在刻苦学习之上，更应该学习灵活学习，刻苦学习并非
用时间堆砌的死板学习，而是在学习上的一种态度。因此我们应坚
持刻苦学习的态度，把握学习方式，才能更好地更愉快地掌握知
识。使得学生的学习能力不断增强，知识素养不断提高，终身学习

便可以在快乐中得以实现。同时这也是培养学生探究性学习能力的关键要素之一。

二、金榜题名：只重结果，急功近利

就一般而言，人都具有趋利避害的本性，喜欢悠闲自在，不愿意受苦受累，恐怕不会有人真正把"头悬梁，锥刺股"看成一种享受。问题是：为什么会有那么多人甘愿忍受"苦行僧式"的清贫与寂寞而潜心苦读呢？

古人有诗句曰："书中自有颜如玉，书中自有黄金屋"。笔者当然不能把所有学习的动机都归结于金钱美女，但是古往今来为了某些极具诱惑力的未来利益而发愤读书的人，却前赴后继大有人在。学习活动时常被赋予浓厚的直接功利色彩，被视为谋取功名利禄或改变人生境遇的主要甚至是唯一的途径与手段。从而使得学生在学习时不愿意去探究知识，而是更习惯简单方便地接受知识。因为渴望出头的莘莘学子，望子成龙的天下父母，都把太多的希冀寄托在读书学习之上。所谓"金榜题名"，"一举成名天下知"，"一场考试定终身"，"学而优则仕"等等，考试过关，榜上有名意味着更好的前程，甚至是荣华富贵。没有人会完全否认"榜上无名，脚下有路"的事实，但谁都清楚这样的路将更加艰辛更加曲折。即便是在现代社会，好工作、好报酬、出国门、评职称等等，有几样不需要刻苦学习这块"敲门砖"？

"自古华山一条路"，刻苦关乎命运，读书改变命运，"吃得苦中苦，方为人上人"，强烈的功利欲望自然而然成为支配学习的重要动力。人们所选择的学习内容与学习方式，学校所采用的教学模式和考核方式，很大程度上都是为实现某些功利目的而特别设计的。这就难怪学校醉心于应试教育，最终免不了成为定型化、标准化生产技术的翻版，任何学习及其效果都要受到排序、控制、区分和标准化。使教师和学生之间的探究性学习关系越发没有存在的必要性。课程按照考试过关所必需的生产流程进行设置，严格遵守生产进度的时间安排。为了实现"吃苦在前，享受在后"的梦想，或者是出于对失败的恐惧和窘迫感，学习者即使毫无兴趣，也不得不被迫学习，不得不卧薪尝胆刻苦学习。然而探究式的学习则被定义为浪费接受知识的时间，而被排除在主流教学之外。

功利的本身并没有错，学习作为获取知识和提高技能的途径和手段，不能也不应该完全排斥功利色彩。问题是人们在处理手段和目的的关系时，往往把手段与目的割裂开来，一旦如愿以偿，很可能就"刀枪入库，马放南山"，终止了学习过程。人们考试前后学习热情的强烈反差就是最好的佐证，"中举"之后的"范进"们还会夜夜苦读吗？现实又何尝不是如此，比如，一些人评上职称尤其是当了教授之后优哉游哉，再也无心刻苦攻关了。不仅影响探究性学习能力培养，更影响了孩子的价值观。

急功近利的学习其实偏离了学习的本质。彼得·圣吉在《第五项修炼》一书中指出："真正的学习，涉及人之所以为人此一意义的核心。通过学习我们重新创造自我。通过学习，我们能够做到我们从未做到的事情，重新认识这个世界及我们跟它的关系，以及扩展创造未来的能量。"真正意义上的学习，不应是苦读书本的孤立活动，不应是满足功利欲望的纯粹手段，而应该是工作和生活的有机组成部分，在愉快的探究中获得知识。

一两次考场超水平发挥的考试或许可以使人受益终身，但如今这样的时代正不断离我们远去。终身学习使学习的过程性特征更加突出，一劳永逸式的学习越来越难以奏效。成人与在校学生有很大不同，他们没有频繁参加考试的压力，没有能否顺利毕业的焦虑，没有四处求职的不安。当然，成人也会有这样或那样的欲望或目标，要追求职业生涯中的不断进步，但这些欲望的实现已经不能指望通过几次考试而"毕其功于一役"。一般地说，成人学习主要是为了解决工作中不时出现的各种问题，而很难说是为了实现某种明确的人生目的，不断学习以谋求能力的培养与提升不过是一种新的生存方式。学习中偶尔的成功与失败已经不能左右命运，学习者再也不必始终承受"成败在此一举"的巨大精神压力，而更具有综合能力的"学者"才是未来世界的主人。

三、优胜劣汰：孤军奋战，忽视团队

功利至上的导向驱使人们孜孜不倦地刻苦学习，而无情的现实却常常是"千军万马过独木桥"，更多的人无论如何难遂心愿。这样一来，学习者学习效果的优劣既取决于他对学习内容的驾驭程度，更取决于他相对于其他人的"比较优势"，只要在成绩上超过别人（哪怕是一点点），就可能是佼佼者，于是，学习者之间为了优秀的成绩和荣誉而主动或被动地互相竞争。这无疑使得探究性学习的自主性原则无法得以保障，因而探究式学习也就变得无从下手。

从小学开始，学子们有学不完的课程，上不完的补习班，做不完的作业，考不完的试卷，面临着几乎是无穷无尽的激烈竞争，这种竞争已经到了足以让脆弱者崩溃的程度。过分倡导学习竞争，反

映出传统学习观念的另一个弊端，即深深地根植于个人主义之中
——孤军奋战、自我拯救；偏重个体能力而忽视群体合作。在个人
主义倾向的误导下，学习更多地变成一种个体行为而不是团队行
为，看重个人成就，成绩是严格个人化的。即使学习者被编排在班
级或小组中，竞争也绝不会有所缓解，因为他们要接受各种排序，
各种评比，"尖子"们总是格外受到宠幸，"差生"们却难免是灰
溜溜的。

中国人崇尚"三人行必有我师"，它所强调的是"我"向"三
人"学习，而不是"我"和"三人"一起学习。在现实生活中，
常有这种现象，个人智商都不低，可团队智商却不高，以致造成三
个"诸葛亮"不敌一个"臭皮匠"。这无疑是偏重个体学习忽视团
队学习的后遗症之一。

个人英雄主义式的传统学习方法和知识经济时代所要求的学习
存在着必然矛盾。一个过于依靠单打独斗，靠个人奋斗的英雄主义
时代已经过去，继往开来的是一个队员积极参与、团队有效协作的
新时期。因为科技进步日新月异，环境变化风起云涌，社会分工越
来越细，独自完成变革与创新越来越难，任何一个人都必须具备与
他人合作的能力。以团队学习为基础的组织学习的作用和地位必将
日益凸显团队学习和组织学习的概念，是从个体学习的概念借鉴而
来的。尽管它们都可以称之为学习，但意义具有本质的不同。个体
学习不过是独自苦思冥想，艰苦探索。个体学习孤立地进行，学习
的强迫性会降低学习的速度、质量和学习效率的持久性，而且竞争
性的学习使学习者不愿意或者难以互相询问和寻求帮助，导致信
息、知识、智慧和经验的相互交流受到抑制。

团队是由技能互补的成员组成的群体，团队成员致力于共同的

宗旨、绩效目标和通用方法，并且共同承担责任。团队建设是20世纪90年代以来组织发展理论的重要内容，其核心在培养团队精神。当团队真正在学习的时候，成员之间可以互相学习，队员成长的速度将明显快于个体学习。因为团队学习的立足点不是超越别人而是共同进步，能够分享知识、分享经验、沟通思想，形成向上发展型的高层次共识，动作有序的团队学习具有令人吃惊的潜能，可以做到比个人更有洞察力、更为聪明，团队智商远远大于个人智商。很多问题个人苦苦探索，可能百思不得其解，而借助团队学习的力量很快就能够迎刃而解。

　　团队学习是组织学习的一个学习单位，团队学习的过程是发展团队成员整体搭配与共同提高能力的过程，其作用是发挥团队智慧，使学习转化为现实生产力。更有利于协作探究学习，使各成员的研究和学习结果达到 1 + 1 > 2 的目的。当然，个体学习在任何时候都是必要的，团队学习毕竟是由个体学习组成，但每个人都加入学习团队并不等于团队学习，关键取决于学习者是否革除了不合时宜的学习观念，是否奉行平等参与、团队利益高于一切的理念。"拼命三郎"式的个体学习固然可敬，但如果融入于团队学习之中的个体学习更有效果，又何必自我封闭，苦苦独撑呢？

四、用心学习：割裂身心，单调乏味

　　"最好的学习状态是什么？"如果要人们对其进行描绘，十有八九会是"笔直地坐在教室里听讲"，"木然地坐在图书馆里看书"，"静静地坐在台灯下不停地抄写"，诸如此类。按传统学习观念，学习必须用心，学习要有学习的样子，不能一心二用，否则就是心不

在焉，浪费时间

"用心学习"的理念，在强调学习要专心致志、聚精会神的同时，隐含着对学习的曲解和对躯体的偏见，及对知识的探讨研究。就像以往自然界中的任何事物都被认为是分离的和截然不同的一样，长期以来，学习被看作是独立的心智活动，学习是在"心中"进行和完成的，身体很少参与到学习过程中，身体的介入与参与甚至会导致对学习的干扰和破坏。

错误的观念使身体在学习中一直处于被歧视的地位。教育者轻视身体，认为学习过程中可以身心分离，学习只涉及大脑，而与头部以下的躯体没有任何关系。"坐下来，不要动，闭上嘴"成为学习的基本规则。为了减少干扰，教育者们制定出种种严格纪律限制身体活动的卷入，把那些爱"做小动作"的学生视为"坏孩子"，贴上"多动症"的标签，而且经常将其逐出课堂。苛刻的学习规范使人们的身体长期处于怠惰状态，变得"四体不勤"，大脑超负荷运转而陷于麻痹，学习变得理性化、语言化、抽象化和僵化。

现代认知科学，特别是关于大脑和学习的研究，已经对古老的关于学习的假定提出质疑。皮之不存，毛将附焉？身与心原本就是不可分的，思想依附于身体，身体承载着思想，两者完全地融入在一个电子的、化学的、生物的体系之中，人们通过身体和思想同时进行语言的、非语言的、理性的、情绪的、身体上的、直觉的学习。那种认为学习仅仅是语言的、认知的和大脑中的事情的观点早已落伍。

伴有身体活动的学习一般要比纯粹"坐禅式"的学习更为有效。许多学习者发现，当身心分离，排斥身体的作用，只运用理性的思考时，精神难以持久集中，昏昏欲睡，学习效果并不理想。当然，学习者的身体活动本身，并不一定会自动地改善学习，只有融合了智力运动以及理性成分，才可能对学习产生积极影响。为了促进学习者身心的互动，要创造出使学习者身心活跃的环境。虽然不是所有学习都需要身体活跃，但不妨提醒学习者，不要像泥塑木雕似的，要让身体交替处于动静、张弛状态，这有助于改善大脑中的血液循环系统，可以改善思考过程，使学习更有成效。之所以对身心分离的学习提出质疑，目的在于促使人们对学习方式进行更广义的理解，而不仅仅局限于听讲式、阅读式、沉思式的学习。在组织成人学习时，不要局限于读文件、听报告、办培训班、安排讲座或派人到大学深造。只要有利于提高能力，完全可以由学习者自主选择学习方式，而不必拘泥于形式。要尽可能地使学习者满怀积极情绪、全身心参与、各种感官充分发挥作用；让学习者在活动与游戏中学习，在听与说中学习，在观测与比较中学习，在实际操作与解决问题中学习，在感性认识与理性思考中学习，使学习过程在各个层次上（意识的、超意识的、心理的和身体的）同时进行，运用人们身体与思想所能操纵的所有感觉、感官和途径。

五、结论：变革学习观念，转变学习方式，享受快乐学习

孔子早就说过："知之者不如好之者，好之者不如乐之者"，孔子强调学习兴趣的重要性，兴趣是最好的老师，充满兴趣的学习能给学习者带来许多快乐。快乐学习理念与孔子的说法有一定的契合成分，但二者并不完全等同。

享受探究中获取知识的快乐是本书一贯主张的学习方式，但不

排斥任何一种行之有效的学习方式。探究性学习不仅重视学习者的兴趣，关心学习的内容，还关心整体学习环境，力图为其创造一个自由和谐的宽松环境，使其在情境中学习，而非孤立地学习纯理论。探究性学习使学习者摆脱被动的和抵触的心理状态，消除学习障碍，唤起兴趣和好奇心，对学习内容产生积极的情绪，培养主动学习、思考、创造、成长的学习者。探究性学习促使学习者运用全部的情绪、感觉和感官进行学习，在意识、超意识、身、心的各层次学习。

探究性学习是对"苦行僧式"学习的一种突破。相对于胁迫的、厌倦的、紧张的和痛苦的学习而言，快乐学习意味着学习者主动参与，兴趣盎然，身心活跃，常有所获，这种愉快感使学习者得到了新生。

在探究性学习中，学习是创造，不只是吸收。学习具有完全的主动性，可以自主选择学习内容和学习方式。学习者不再被看作知识信息的被动接受者，而是知识与技巧的体验者和创造者。快乐学习让学习者摆脱孤立的状态，融入到学习团队之中。学习不再是单个人的苦思冥想，不是完全排他的孤立的竞争性行为，团队之间可以共同分享学习成果，既有相同观点的分享，又有不同见解的碰撞甚至激烈争论。学习者沉浸在相互理解、肯定以及创造价值的快乐氛围中，始终保持一种旺盛的活力与激情。

德国古典哲学家康德在分析审美规律时，提出了著名的二律背反——"无目的的合目的性"；没有目的，因为审美活动不是功利欲望的满足，没有掺杂利害计较；合乎目的性，因为审美适合于主体的想象力和知解力的自由活动与和谐合作。用康德的二律背反来解释快乐学习也很恰当，很难说成人持续学习是为了达到什么具体的个人目的，但这种学习有利于个人素质与能力的提高，有利于组织绩效的不断改善。快乐学习的这种特性使学习者没有太多的精神压力和心理负担，可以学得更轻松，更惬意，以一种类似于审美的超然态度享受学习。从最深层的意义来说，学习是人的一种高级需求，一种生活方式，一种人生不可或缺的体验。学习、工作、生活融为一体，学习工作化，工作学习化；学习生活化，生活学习化。

总之，探究性学习的价值远远超过过去所存在的接受性学习或传统化学习。这种新观念将使人以一种全新的角度去看待学习，以一种更轻松自如的心态去投入学习，以一种更主动积极的姿态去不断推动学习进程，以一种更开放的心态去接受新知识、创造新知识，为不断充实自我而学习，为不断适应环境变化而学习，甚至是为创造整个组织与社会的美好未来而学习。

第四章 探究中国的培养方式

第一节 现阶段的中国的培养方式

布鲁纳的认知结构学习理论强调学生的主动探索（内在动力），从事物和现象的变化中去发现原理，这是构成学生学习的重要条件。认知结构学习理论常被称为发现学习论。同时，布鲁纳认为学习与智慧生长是同义语，因此学习或智慧的生长目的就是为学生提供一个现实世界的模式，学生据此解决现实问题。这个模式设计学习者内部信息加工系统，或学习是借助于它实现的。而这个系统是人与环境（包括内部与外部环境）的相互作用获得的，布鲁纳称之为认知表征。学习的过程首先是新知识的获得；其次是知识的转换，通过它把信息转换为各种不同的方式以解决当前的问题，进而使之超越给定的信息，从而学到更多的知识；最后是评价，要核对一下处理的方法是不是适合于这个任务，是否得当。下个过程几乎同时发生，即形成与发展认知结构（观念组织构建）。

奥苏泊尔认为，学习的实质是符号所代表的新知识与学习者认知结构下已有的适当观念建立非人为和实质性的联系。即新旧知识相互作用转化为学习者的心理意义。信息加工理论认为，学习是由加工系统、执行控制系统和预期系统三大系统协同作用的结果。信息加工的中心是学习者工作记忆的能力的变化与发展。信息加工是建立在人脑与计算机的基础上的，把人脑看成信息加工系统，这样人的学习过程就是信息的过程，认知学习过程是加工系统、执行控制系统、预期系统协调作用的结果。

教材中的认知结构不同于学生头脑中的认知结构。教材中的知识以语义的方式详细表征，头脑中的信息以语义的方式简约表征；教材中的知识前后顺序性和逻辑性很强，头脑中的顺序性淡化且以另外的方式构造起来；教材中的知识是完备的、无缺口的、系统的，头脑中的认知结构由于遗忘规律的作用，常常是有缺口的。因此教师需要讲清楚课本上的知识结构，也要把它转化成便于学生的知识结构接受的知识，这样才能有利于学生头脑中知识的系统性和完备性。以中小学教育为例，如今的很多教师只是以学生记住多少，而不是理解多少来衡量他们的学习效果。更多采用默写、背诵的方式来检测，而主观的表达机会却较少。这是中小学教育中可以改进的一部分。

人本主义的探究式学习认为，人是有自己思想与情感的整体而不仅仅是理性的个体。人本主义教育主张承认人的个别差异性，鼓励每个人通过讲述经验发展自我。教育要在自由与平等中进行，人需要终身教育。学习是个体对其所知觉到的对象产生一种感受（体验），是人固有能量（潜能）的自我实现过程。学习发生是一个因个体需求而求知的过程，学习内容与自我价值有着密切有关系，即价值教育是人本主义的重要思想。教学要促进学生的个性（人格）的发展。教学目标不是知识本身，而是使学生觉察到内容与自我的关系，成为一个自我完善的人，人格全面发展和一个心理健康的人。教学要构建一个和谐、融洽、被人关爱和理解的氛围。强调从做中学。教学模式有以题目为中心的课堂讨论模式、自由学习的教学模式以及开放课堂教学模式，通过教学发展自我。

人本主义的探究性学习理论是当今中国教育最需要贯彻和接受的理论。中国的教育把学生当作整齐划一的士兵来"训练"，上课不说话，不闹，坐得笔直的孩子才是"好宝宝"，忽略学生的个性。这造成了一大批高分低能的学生，也造成了一大批天资聪颖的孩子因厌恶学校的教育方式而厌恶学习的悲剧。教育不应该只是传授知识，更重要的是传授学习的方法和打开学生的思维，使之在教育中发展自我，完善自我。我们的教育应提供更多地机会，让学生表达自己的思想，与同学和老师交流，在交流中学会与人交往和认识自我。尊重学生的本性、尊严、理想和兴趣。更多的开设讨论课、实践课、开放课堂等等，增加学生之间以及学生和老师之间相互沟通的机会，不要急于否定和批评学生的意见和看法，让他们在宽松和谐的学习环境中学会自己学习、自己思考，充分发挥其自我实现的能量。

班杜拉的社会学习理论有三个假设：个体、行为和环境之间；在相互作用学习与表现是不能等同；学习分为参与性学习与替代性学习。个人——环境——行为的交互作用决定模式是学习的基础。学习是观察（认知）而非强化的结果。

根据班杜拉的社会学习理论，中国的教育应不只局限于课堂教育，应该给学生提供更多的走出去的机会，来到社会上进行真实体验。例如开设实践课程，特别是针对一些操作性的和技术性的知识，让他们在真实的环境中进行学习。另外，教育不只是学校和老师的职责，家长在教育中也扮演者重要的角色。当今很多父母，把孩子丢在学校就全然不管了，认为孩子是好是坏都只与学校和老师相关联，这是一种错误的、不负责任的观点。根据班杜拉的社会学习理论，学生会在观察和模仿中学习。父母作为与学生接触最亲的人，自然成为其模仿的对象。所以，教师除了要做好学生的教学工作，也需要做好学生家长的思想工作，多与学生家长进行沟通和交流。

第二节　培养方式下存在的弊病

在现代社会，学生要在学校度过很长一段时间。这是人生中一个非常重要的时期，这个时期的生活状况，将影响人的一生的生活和命运。学校生活理应成为人生中最值得珍视和留恋、最值得回忆的一段美好时光。使学生拥有完满而幸福的生活，是学校义不容辞的责任。但是，当今的学校生活远没有人们所希冀的那么美妙，它还存在着许多弊端。本节的任务在于将这些弊端揭露出来，并分析它们对学生探究性能力培养的阻碍以及对学生自身发展的不良影响。

一、理性主义教育

人本来是一个感性、理性的统一体。人的生命是完整的、不可分割的，一旦分割了，生命也就完结了。完整的生命需要完整的教育，才能更好地得到发展和完善。但是，现实中的教育却大多是一种片面强调理性而忽视感性发展的理性主义教育。这种教育使得学生在学校中过的是一种不完整的生活。

理性主义教育是指以传授理性知识、发展理性能力为主要目的甚至是唯一目的的教育。这种教育有两个主要特点：一是重认知轻情感。在教育中只重视科学技术学科，而冷落人文学科，尤其是艺术学科。对感知的训练或对艺术的学习无论在中、小学还是大学，都没有得到应有的重视。虽然在中、小学和大学都开设了一些艺术教育课程，但这些课程只是一些消遣性的副课，既没有充裕的教学时间，也达不到应有的教学效果。二是重知识轻经验。它把教学过程理解为主要是知识的积累过程，以知识掌握的数量和精确性作为评价的标准。正如英国教育哲学家约翰·怀特所指出的，"人们总是倾向于掌握更多、更多的知识，掌握知识体系中分支的分支，直至无穷，这种'全面狂'是过度强调教育的一种价值是以知识为目的，而忽视其他价值的结果。"书本知识的重要性当然不容怀疑，它是青少年成长和发展所必不可少的营养。这种知识有其鲜明的优点，它可以使学习变得更加简化，更有效率。但是我们没有理由将它提到独尊的地位，甚至也不一定要让它占据绝对主导的地位。我们以往的教育也不是完全没有活动，但从量上来说，实在太少，与在课堂里进行的书本知识的教学相比又太不成比例。

理性主义教育由于它的片面性而不断受到来自各个方面的批判。德国文化教育学家威廉·狄尔泰认为，传统教育学是"没有人的教育学理论"。他对传统教育目标中以知识作为人才的标准深恶痛绝，认为是"扼杀人的生命的教育"。他对康德等人将知、情、意绝然分开很不满意，并指责说："在洛克、休漠、康德所构造起来的认识主体中，根本没有流着真正的血。"他认为，将知、情、意三者随意割裂，并否弃掉情和意，主体就成了干瘪瘪的"知的主

体"。《学会生存》一书对这种教育也有过深刻的揭示，认为现代教育"过分地依赖理论和记忆。它给予传统的、书面的和复述的表达方式以特殊的地位，损害了口语的表达、自发精神和创造性的研究"。在该书看来，目前的教育方式会造成人格的分裂。因为在这种教育中，为了训练的目的而将一个人的理性认识分割得支离破碎，而其他的方面则不是被遗忘就是被忽视。对许多青年人原来应该进行的充分而全面的培养被弄得残缺不全。为从事某种内容分得很细或某种效率不高的工作而进行的训练，过高地估计了提高技术才能的重要性而损害了其他更有人性的品质。

由于学生的理性是在损害感性和非理性素质（如想象、灵感、情感、意志等）的情况下得到强化的，因而不可避免地会带来一系列的不良后果。后果之一在于使人感受力衰退。在理性主义教育模式中，知识被看成是对学生只有益而无害的，所以想方设法往学生的头脑中装知识。实践证明，学生接受过量的知识，不但无益，反而有害，它会阻碍学生感受力的发展。感受力是指属于个人的那种整体性的感悟能力，即人的直觉、想象、感情、理解、态度高度协调后达到的能力。这种能力并非随着理性的发展而自然地得到提高，往往还会出现衰退的情况。赫胥黎说："随着一个人的成长，他的认识在形式上日益发展成概念性的，日益变得有系统起来，……但是人们原来的那种对事物进行直接把握的能力却会出现某种退化，人的直觉能力也会变得迟钝起来，甚至会荡然无存。这样一来，他所取得的那些收获就被抵消了。"只重理性而忽视感性发展的理性主义教育对人的感受力具有严重的损害作用。在人的生命中，感受力是一种非常重要的能力，这种能力的损伤会导致整个生命力的下降。后果之二在于使人精神生活贫乏。在理性主义教育中，书本知识隔开了他们与周围世界的活的联系，儿童只能囿于非常有限的生活领域，只是与单调的文字符号打交道，学生的精神生活因此而变得单调、贫乏。一个原本完整的人只能作为残缺的片段和单维的机能而在生活中发挥作用。这种教育的结果就会像苏霍姆林斯基所说的：“学生在学习、在掌握知识，然而实质上却没有精神生活。”理性的过分扩张，还会导致情感的冷漠、扭曲甚至出现残暴心态。在现实中，有一些人学科成绩（即理性方面的发展）很好，但在情感、态度、良心等非理性方面却出现严重的问题。对于完整的生命来说，理性与情感都是不可缺少的。只重理性而忽视情感，就会影响生命的质量。

二、模式化教育

模式化教育指的是按照统一的要求或标准影响受教育者，以使之形成相同素质的活动。这种统一的要求或标准既体现在教育目标上，也体现在教育的内容与方式等方面。模式化教育不同于教育模式。教育模式是多种多样的，可以有多种选择。不同的时空、不同的对象、不同的内容，可以有不同的模式。模式化教育则不然，它意味着只有一种选择、一个模式、一套做法，明显地体现出单一、刻板和程式化的特点。这种教育“以牺牲精神自由为代价”，“按照标准化的模式塑造人”。

作为主体的人，是特殊的、具体的人。只有特殊的、具体的人，才能拥有自我，才能谈得上独立自主性，才能体现人的价值。每个人本来都具有与众不同的独特的个性，但是模式化教育却无论在它的机制方面还是在它的精神方面，都不把个人看作具有特性的人。它把各具特色的人强行拉入一个统一而固定的模式之中，像生产加工标准件一样对学生进行训练。这种教育就像法国学者 E. 塞甘所指责的，"它把成千上万的儿童关在像兵营一样的大房子里，不考虑他们的体力、不同的生理需要以及智力差异，每天都不加区别地、清一色地给所有孩子配给四五种精神食粮"。

模式化教育由于其固有的弊端而引来不少批评和指责。卢梭曾经对模式化教育对个性的损害批评道："我们往往不加区别，使具有不同爱好的儿童从事同样的练习；他们的教育毁灭特殊的爱好，留下死板的千篇一律的东西。所以，在我们消耗我们在阻碍儿童真正的天赋的努力之后，我们用来代替的短命的和虚幻的才华化为乌有，而我们所扼杀的儿童的天赋能力也不能复活。"杜威在《民主主义与教育》一书中也指出，每个人的观点、喜欢学习的对象以及处理问题的方式，都存在个别差异。如果这些差异为了所谓一致化的利益而受到压制，并且企图使学校中的学习和问答都必须按照一个单一模式，就不可避免地使学生造成心理上的混乱和故意矫揉造作。学生的独创被逐渐破坏，被反复灌输要驯服地服从别人的意见，否则就是胡思乱想。这种情况所造成的损害比过去整个社会受习惯信念的统治的危害更大。存在主义也是模式化教育的激烈反对者，他们对机械文明下那种扼杀个性的模式化和工厂化教育深恶痛绝。尼采就是其中的著名代表。他认为现在的学校制度，把教育工厂化了，它用灌输的方法，将千篇一律的知识塞给许多不同的学生。在他看来，教育的根本目的是造就人格，使人成为独一无二的个人，成为"完全的自己"。现代教育的弊端就在于它把人变成了机器，变成了知识的奴隶、金钱的奴隶、听命于国家的奴隶，扼杀了人的个性。现代教育制度之所以会产生这样的恶果，根本原因在于它的教育原则是强调培养社会所需要的第二天性，而扼杀了人的第一天性，即人的本能和个性。

从以上所述可以看出，模式化教育的根本危害在于，它导致个性的泯灭。原因在于这种教育限制个人的充分发展，强迫所有儿童接受同样的文化和知识模式，而不考虑个性的多样性。儿童的天赋和天生兴趣从他们出生之日起就是各不相同的，因此他们不可能从社区的教育资源中得到同样的好处。他们甚至可能因为学校不适合于发挥自己的才能和实现自己的愿望而处于困难境地。每个学生都不得不把自己的个性淹没在大众潮流之中，不得不按照某种平均化、一般化的要求来对自己的个性加以割舍。在这种教育的磨练下，学生逐渐失去其性灵和锐气，没有了个性、没有了特色、更不会有创造。长此以往，最终将影响整个民族的精神境界。简单模仿，人云亦云，这在当今已经不是个别现象，而是具有相当的普遍性。

三、强制性教育

强制性教育是指教育者不顾学生的兴趣、需要和愿望，迫使他们按照自己的意志成长和发展。在现实中，这种教育具有相当的普遍性。教育这一概念通常是与所谓"强制"的观念联结在一起的。不管对感觉还是对精神，教育都被认为是"强制"推行预先被决定了的接受方式和作用方式。强制性教育的一个重要措施就是惩罚，教师惩罚学生可以说是当今学校教育的一大顽症。

强制性教育何以产生？其根源何在？每一种教育观背后都隐藏着某种人性论，都有着对人性的某种假设。这里所说的人性假设主要是指教师对于学生人性善恶倾向的假设。作为生命体，人本来就有一种要求发展自己、提升自己、完善自己的自然倾向，这是生命的一种内在需要。马克思将这种需要称为人类发展的"天然必然性"或"内在必然性"。但是，我们对此缺乏足够的认识，错误地认为学生都讨厌学习、不愿付出努力。如果认为人的内心深处基本上天生是恶的，那么必然意味着压抑性统治、不信任、控制和警戒。教育中的强制性正是由此而来。强制性教育的另一个根源在于对教师的错误认识。《学会生存》一书曾指出："学校是为儿童而设立的，而不是儿童为学校而生存的。"我认为，对这个观点还可作进一步的发挥，即教师是为学生而存在的，教师的存在是为学生服务的。没有学生，教师也就没有存在的必要。对于这个简单的道理，我们过去一直没有正视，更谈不上深入的理解。一切为了儿童，为了儿童更好地发展，这应该是教育的直接目的，同时也是教育的终极目的。可是在不少人的意识中，师生关系却被完全颠倒。好像学生是为教师而存在的，学生沦为教师谋生的手段或工具。既是如此，教师就不可能真正理解、尊重和体谅学生。强制性教育还有一个重要理由是认为未来比现在重要，这样做是为他们的未来着想。在这种观点看来，儿童还不成熟，不懂得什么是他们必需的东西。为了获得美好的未来，他们现在必须付出代价、作出牺牲。换句话说，现在的不自由是为了将来更大的自由。现在的自由与将来的自由相比是不值一提的，因此要求儿童放弃眼前的自由是合理的。美国教育家巴格莱在《要素主义者的纲领》一文中曾经指出："未成年人选择他所必须学习什么的自由，同他们日后免于匮乏、恐惧、欺诈、迷信和错误……的自由对照起来，它的重要性是微不足道的。"正因为如此，所以人们在教育中经常注意的总是儿童的明天，他将来的生活。现在从来没有被严肃地考虑过。在教育中，人为地将现在与未来割裂开来，必然缺少激发和鼓励的力量，结果不得不采用威逼和惩罚的方法。

强制性教育将产生什么后果？这种教育会严重伤害学生的尊严，而且很可能使他们养成驯服乃至奴性人格。所以就连传统教育的代表人物赫尔巴特也反对使用强制手段。他说，"……强制可能使儿童无所适从，可能抑制他们的情绪，毁灭他们的乐趣；同时这还可能毁灭他们今后对童年的美好回忆"。有人说，我们的教育过程是以牺牲人的尊严为代价求得功利目标的实现的过程。所谓受教育实际上就是学习怎样接受压抑、怎样接受别人对自己的强制。学校说什么就是什么，老师说什么就是什么。当这个教育过程完成的时候，所有那些强制学生接受的东西，都变成了学生自愿遵守的东西。我认为，事实上，可能还不要等到教育过程的完成，学生就会认同老师的强制性教育措施。为了说明问题，这里试举一例。在东北某小学，一个学生考了 92 分却被老师殴打，打的是头部，昏迷了 4 个月，险些成为植物人。后来被送到北京的大医院抢救才苏醒过来。中央电视台记者追踪到东北的那所小学采访。记者问那个班上的学生："老师打你们了吗？"学生们同声回答："打啦。"记者问："你们认为该打吗？"学生们又同声回答："该打。"从这里，我们看不到批判和反抗意识，有的只是认同和服从。奴性人格不正是这样从小开始逐步塑造出来的吗？强制性教育的这种弊端，从根本上降低了人的价值，使人日益丧失人之为人的丰富的本质力量。

四、功利主义教育

功利主义教育，是指片面追求功效和利益的教育。教育有没有功利呢？回答当然是肯定的。教育的确与功利有关，因而我们在办教育或接受教育的时候考虑功利是理所当然的。但是如果只考虑功利或片面追求功利，这样的教育就成为功利主义教育。现在的问题正在于对教育的功利性过分重视。当今学生的学习实用化、功利化倾向非常明显，他们学习知识的主要目的就是将其运用到社会交换中。当前大学生逃课奔证书的现象就体现了这个特点。一份调查表明，在一些大学校园，已出现了一群"逃课族"，基础课逃课率在25%以上，专业课逃课率在20%左右，而哲学、政治经济学等公共课的逃课率则大多在50%以上。大学生逃课后去了哪里呢？据了解，有人在复习英语，有人在学电脑，有人在准备司法考试和注册会计师考试，有人在准备公务员考试、海关报关员考试，有人忙于学开车、考驾照……这一切都是为了就业增加筹码。

在教育目的的价值取向上，功利主义教育过分强调教育的功效和利益，它被国家和个人当成追逐利益的工具。在功利主义教育看来，教育的目的不是为了探索真知、追求真理，不是为了人的发展和完善，而是为个人的谋生、找工作做准备，接受教育就是为了获得更多更好的实际利益。雅士贝尔斯把功利主义教育看成是现代教育的一个重要危机。他说，本来学生的学习目的是求取最佳的发展，现在却变成了虚荣心，只是为了求得他人的看重和考试的成绩；本来是渐渐进入富有内涵的整体，现在变成了仅仅是学习一些可能有用的事物而已。本来是理想的陶冶，现在却只是为了通过考试学一些很快就被遗忘的知识。在他看来，人们"对科学的关心只是由于科学所具有的实用的效果。他们学习科学仅仅是为了通过考试，并且获得在这件事上的成功给他们带来的地位"。他还指出，我们的教育看不到对整体精神培养的迫切性，认为只有对将来生活有用与未来职业做准备的知识才是有用的，因此，就不断地在课程中塞进更多的材料，整体精神的传授越来越不起作用。"像填鸭般地用那些诸如形而下之'器'的东西，塞满学生的头脑，而对本真存在之'道'却一再失落而不顾，这无疑阻碍了学生通向自由精神之通街。"他认为，不成系统的专业和知识，传授考试技巧等等，这些都削弱了原初的精神生活，削弱了学生的反思能力、独立自主的个性和对一个问题反复思考的习惯。

功利主义教育的根本弊端在于使人丧失超越性。真正的受教育求学问，能够渗透到人的心灵，塑造人的性格和气质。但是功利化和工具化的教育，却使人陷入实利之中，丧失超越品格。正如日本学者池田大作和英国学者汤因比在《展望21世纪》一书中所指出的：现代功利主义教育会导致科学尊严和人的尊严的丧失。他们认为，在现代技术文明的社会中，教育已经成为实利的下贱侍女，成了追逐欲望的工具。现代教育陷入了功利主义，这是可悲的事情。这种风气带来了两个极端：一个是学问成了政治和经济的工具，失掉了本来应有的主动性，因而也失去了尊严性；另一个是认为唯有实利的知识和技术才有价值，所以做这种学问的人都成了知识和技术的奴隶，由此产生的结果是人类尊严的丧失。有人说，本来当社会沉溺于功利、昏醉于虚华之时，教育正是坚持精神理想和健康人性的中流砥柱。不幸的是，我们的教育却充当了这种不良倾向的同谋乃至先导。这话说得有点尖刻，但却有几分真实。我们的教育对象，经过这样的教育"熏陶"，其结果必然是成为唯利是图的机器和工具。

五、机械主义教育

教育既有培养创造精神的力量，也有压抑创造精神的力量。机械主义教育就是压抑创造精神的力量。机械主义教育是一种强调记忆、训练与标准，轻视思考、想象与创造性的教育。

机械主义教育的特点体现在以下三个方面：一是强调记忆。机械主义教育把学生视为被动的"知识容器"，记忆在整个学习中占据着统治地位。只有记忆而缺少思考，这样获得的知识是一种浮在表面的知识，它的作用在于应付考试，而不会在其内心扎下根，也就是说不会内化到灵魂的深处，不可能构成其生命的有机成分。这种知识并不真正属于自己，没有成为其思想的一部分，他们的思想领域并没有因此而更为丰富和扩展。他只是一个知识的旁观者，这种知识不可能对他们的思想和言行产生真正的影响。二是强调训练。在这种教育中，教师一般要布置大量的题目，要求学生不断地练习，甚至是不断地重复练习，重复练习的数量少则十几次，多则几十、上百次。据教育进展国际评估组织对世界 21 个国家的调查，中国孩子的计算能力是世界上最强的，但是孩子们为此付出的是沉重的代价。调查同时显示，中国的中学生在学校用来做数学题的时间是每周 307 分钟，而其他国家孩子学数学的时间则为 217 分钟。令人痛心的是，中国学生为这个"计算能力世界第一"付出的不仅仅是时间，强大的计算能力是以孩子们的创造力下降为代价换取的。中国孩子的创造力在所有参加调查的国家中排名倒数第五。三是追求标准。机械主义教育一味地追求"正确"、"准确"和"标准"。它告诉学生只有一种东西是正确的，其他的都是错误的。在课堂生活中，学生所学习的知识是已经被选定的，就是课堂上教师所提问题的答案也基本上是事先确定的，学生思考的结果必须符合那事先确定的答案。在这样的课堂里，不存在知识的好奇、理智的探险和精神的愉悦。机械主义教育不需要创造性，甚至创造性还会成为障碍，成为有害的因素，这一点尤其体现在标准化考试中。实践证明，这种考试的后果弊大于利。

机械主义教育的最直接、也是主要的后果在于削弱学生的批判意识，扼杀他们的创造力。《学会生存》一书写道："人们不断要求教育把所有人类意识的一切创造潜能都解放出来。但是千百万人们今天却正在发现，他们创造活动的两个组成因素（思想和行动）都已经瘫痪了。"在机械主义教育的作用下，学生没有批判意识，丧失反思能力和创新能力。1998年，教育部科技司、团中央学校部和中国（科协）科普研究所共同组织并进行了首次全国范围的"青少年创造能力培养"的社会调查。从调查结果来看，青少年创造能力现状有三个特点：一是青少年参与创造活动的程度较低。实际参加过小发明这一类活动的人仅占被调查对象的33%。二是具有初步创造人格和创造力特征的青少年比率较低。调查结果表明，具有初步创造人格特征的青少年，仅占被调查者的4.7%，具有初步创造力特征的被调查者只占14.9%。三是多数被调查者的创造性思维受到过于严谨、思维定式、从众心理及尊崇权威等因素的严重影响。对于老师或课本上的说法，表示怀疑的被调查者为数极少。当某位学生在课堂上对老师的讲解提出异议时，48.1%的被调查者认为"大多数同学会予以沉默"，更有16.5%的被调查者认为

"大多数同学会予以非议"。此外，对被调查者的年龄分析显示，不同的年龄段在创造性的几个方面显示出相反的趋势。这反映出随着年龄的增长，青少年的观察、想象能力日渐削弱，而思维定势和对权威的服从却日益增强。

以上从五个方面评析了当前学校教育中存在的主要弊端。从总体上看，理性主义教育导致人格的片面发展，模式化教育压抑个性，强制性教育使人养成驯服乃至奴性人格，功利主义教育使人丧失超越性，机械主义教育则扼杀人的创造性。我们应当充分认识学校教育存在的这些弊端及其造成的不良后果，在教育改革中努力予以矫正和克服。

第三节　探究弊病的成因

基础教育改革已经实行若干年了，取得了令人瞩目的成就，但有些阻碍基础教育发展的重人问题还未得到根本解决，随着社会的发展，又出现了一些新的问题。研究、分析这些问题及其原因，对深化基础教育改革，巩固、扩大已取得的改革成果意义重大。以下笔者将试着研究分析目前基础教育存在一系列问题背后所隐藏的原因。

一、教师职业的社会吸引力相对下降

《教师法》中有关中小学教师收入的规定，发生在北京、上海等发达城市的硕士、博士应聘中小学教师的故事，以及媒体报道的

多人竞聘一个教师岗位的现象，让人们普遍产生一种认识：教师职业的社会吸引力越来越大。这种认识已经而且还继续对基础教育改革产生不利影响。

教师职业的社会吸引力真是越来越大吗？我们的研究结果是：教师职业的社会吸引力正持续不断地下降。判断教师职业社会吸引力强弱及变化趋势，不能仅仅根据法律的规定，而应依据法律的执行情况和教师对自己实际收入的满意度；不能靠孤立地看多人竞争一个教师岗位得到的印象，而应放在就业难这样的社会人环境中思考和与其他具有可比性的行业岗位竞争的激烈程度进行对比得出结论；不能凭借发生在北京、上海等发达城市中几个中小学校里的硕士、博士应聘教师岗位的个别例子下结论，个别例子缺乏普遍意义，其发生的原因也有待探讨。

那么我们是根据什么得出结论的呢？第一、基础教育对于学生个人的命运、国家的发展影响重大，需要社会上大量的优秀青年不断加入教师队伍，然而，近些年各地高考的高分考生中报考师范院校、把师范院校作为首选的比例越来越低；第二、在职教师对教师职业的社会地位、实际收入的满意度和工作热爱度持续下降。

产生这一问题的原因是多方面的。首先是教师的收入相比较越来越低。它体现在教师的实际收入与其他行业同年龄段同等学历的工作人员的实际收入差距逐步扩大和教师的实际收入与实际付出之间差距的不断扩大两个方面。

改革开放前和改革开放初期，各行业的工作人员基本上都没有或很少有工资以外的其他收入，那时教师与其他行业同年龄段同等学历的工作人员实际收入相当。近几年，随着国家经济的快速发展和分配制度的改革，其他行业工作人员的实际收入增速快，增幅

大，来源渠道多。相比而言，教师的收入增速慢、增幅小，来源渠道单一，这样的差异致使教师的实际收入与其他行业差距逐步扩大。《教师法》、《教育法》执行不到位，一些地方教师在住房公积金、养老保险金、医疗保险金的缴存及其他有关补助补贴的发放不同程度地存在标准低、被打折扣等现象，甚至个别地方还有克扣或变相克扣教师工资的现象。这些现象加剧了教师实际收入进一步相对滑落。

付出远远超过物质所得是教师职业的一大特点，正因如此，社会赞美教师、歌颂教师。但是教师的付出与物质所得之间的不对称需要根据社会经济的发展状况控制在一定的度内，只有这样，才有利于基础教育的长远发展。特别是在我国社会主义市场经济已经初步形成，对企业的领导干部实行经济激励的今天，更要控制和缩小教师付出与物质所得之间的差距。一味强调教师付出，不重视他们应有的物质所得，势必造成教师付出与所得之间差距的绝对扩大或相对扩大。基础教育改革对教师的教育教学理念、教学能力、教学形式和方法等提出了全新的要求，为适应新的教育教学要求，绝大多数教师在课下付出了很多很多。然而教师的付出没有在他们的物质所得中得到体现或很少体现，以致近几年教师的付出与实际收入差距扩人。这也是目前基础教育改革缺失的一个方面。

其次，教师职业的个人发展机会越来越少。在当今社会转型时期，政府机关和企业部门的机构变动比较频繁，再加上每个办公室的工作人员普遍较少，这就给个人的发展带来了较多的机会；中小学校的机构十分稳定，每个教师办公室的工作人员较多，这样的特点决定了教师职业的个人发展机会很少，以致绝大多数教师在三尺讲台上度过一生。与其他行业发展变化相比较，教师职业的个人发展机会相对较少。

现在的社会，是一个关注自我发展、追求自我发展的社会。因此缺少发展机会的教师职业必在不同职业对人才的争夺中处于不利地位。要缓解乃至消除这种不利形势，就必须在教师的工资收入、福利待遇上有足够幅度的倾斜，以弥补他们因从教而在个人发展方面作出的牺牲。

再次，教师工作压力和强度越来越人。基础教育改革对教师提出了全新的要求，在此基础上，许多地方的教育主管部门、官员和学校领导又根据白己的意愿设计出众多合理和不合理的培训、评比、考核事项。为了适应这些要求，绝大多数中小学教师白天忙上课、批改作业、与学生谈心、帮助个别学生解答问题、同家长交流沟通；晚上忙备课、查阅资料、设计教案、做教研，无论春夏秋冬、身体状况好坏，都得如此，日复一日，一直延绵到退休。

现在一些教育主管部门、学校套用经济部门的考核指标设计出的刚性的数量考核指标，更是在精神上压得教师喘不过气来。社会的转型期，不利于学生健康成长的因素较多，学生很容易受这些不良因素影响；学生的成长过程是一个漫长、曲折的过程，其阶段性发展状况与学生当时的智力、性格、心理的发展状况和环境密切相关，这就说明学生的发展不是匀速的；现行的教学管理使得师生之间的教学联系多则三年，少则一年半载，这些因素和特点决定了教师的教学工作不宜套用经济部门的数量指标进行考核，那种违背规律的做法必然使教师左右为难，徒增精神压力。

此外，社会上愈来愈浓的浮躁、急功近利之风影响着家长对教师教学效果的期望，来自家长的不切实际的期望也增人了教师的工作压力和难度。

最后，教师面对的人际关系越来越难处理。教师首先要面对的是师生关系。现在的学生多是独生子女，是在以个人为中心和充满了赞扬声的家庭环境中生长的，个性鲜明，但承受纪律约束和批评的能力差。教师要在五六十人的班级开展教学活动，免不了要对违反课堂纪律的学生进行批评或惩戒，而学生承受批评或惩戒的能力又受个性和当时的情绪等多种因素影响，这就使得教师很难在所有时候都能做出恰当的批评或惩戒，稍有不当，可能引起学生的激烈反应，甚至导致家长的对抗或其他严重后果，再加上现在媒体、舆论在报道、评论师生纠纷时存在一边倒的倾向，许多学校又设计了学生、家长给教师打分的项目，以致教师在处理师生关系时顾虑重重。其次要面对的是与同事、领导之间的关系。由于学校教职工人数较多，个性各异大，再加上社会不良风气的影响和大多数学校在分配绩效工资时参考职工之间互相打分、领导给职工打分的平均值，使得教师处理与同事、领导之间的关系也变得越来越难。

二、基础教育受腐败之风的侵蚀越来越严重

中小学校肩负着传播科学，宣传民主、公正和正义的责任和使命，而且完成的好坏又与全体教师的工作热情及学校在学生、家长心中的地位、形象密切相关，因此基础教育应始终保持较高的纯洁度。然而近几年，被披露的中小学校领导贪污腐化、大搞不正之风和教师利用职务之便办补习班创收的案例越来越说明：基础教育已受腐败之风侵蚀且情况越来越严重。

近几年的基础教育改革主要针对教育教学理念、方式方法和教师的人事、职称管理等，没有触及到学校的民主管理和民主监督，

教师还不能真正享有民主管理学校的权利，致使一些意志不坚定的学校领导能够利用各种机会贪污腐化，搞不正之风。这些学校领导的言行严重损害了学校在学生及家长心目中的地位和形象，也挫伤了绝大多数兢兢业业、恪守职业道德的教师工作积极性，进而危害到整个基础教育事业。

近几年教师实际收入相对大幅下降和人们普遍对物质生活水平的重视，给教师造成巨大的生活压力，进而影响到思想和心理，扰乱了教师本应拥有的那份宁静，从而出现部分教师利用职务之便办补习班创收且屡禁不止的现象。这种现象的出现、发展既影响那些目前还恪守职业道德的教师的思想和积极性，也影响到教师群体在学生及家长心中的地位和形象，对基础教育改革形成巨大的冲击。教师内心的宁静对教师搞好教育教学工作至关重要，而教师内心的那份宁静主要靠有尊严的物质生活支撑，尤其在市场经济社会更是如此。目前在教师普遍过着与其他行业同年龄段同等学历的工作人员的实际生活有巨人落差的生活的情况下，精神抚慰和刚性规定是不能从根本上解决教师利用职务之便办补习班创收问题的。有效办法是：大幅提高教师收入，尽快让他们过上有尊严的物质生活，再加上精神鼓励和行为规范。

三、教师对自身职业的热爱度和积极性、主动性正逐渐降低

现在越来越多的中小学教师羞于告诉别人自己从事教师职业；一些教师对专业培训、教学观摩的兴趣开始消退，减少了为提高教育教学效果所必须的自我学习上的经济和时间投入；能够真正以课

堂教学为乐事的教师越来越少；对学习困难的学生能够积极主动地长期热情帮扶的教师越来越少。这些现象反映出一个问题：在职教师对自身职业的热爱度和工作的积极性、主动性正逐渐下降。

教师的教育教学活动是不能套用其他行业的量化指标进行考核的，这也就决定了教师对岗位的热爱度、工作的积极性、主动性对教育教学质量的影响至关重要。教师对岗位的热爱度和教师工作积极性、主动性的下降，不仅会直接导致学生学习科学知识和学习能力培养的效率下降，而且会潜移默化地影响到学生的学习状态和他们今后对待生活、工作的人生价值观的培养，影响到他（她）们今后的幸福指数。因此所有关心基础教育的人都应重视、研究这一问题的出现和发展。

四、学生乐学的比例随年级的升高而下降

稍作了解就会发现：一年级的学生学习成绩几乎全是良好或优秀，到了九年级，中考成绩中语、数、外不及格的情况相当普遍。这样的变化说明基础教育存在着学生乐学的比例随年级的升高而下降的问题。

兴趣是最好的老师。学生只有对文化课有了兴趣，乐于学习，学习活动才能持久，学生才可能在学习过程中发挥自己的主观能动性、创造性，取得良好的学习效果。反之，学生一旦对文化课学习兴趣减退或消失，不再乐于学习，学习也就没有了主动性和创造性，学习效率必然低下，学习过程缺少快乐且不可能持久，学生的自信心也会逐渐丧失。此时学生特别容易被社会上的不良事物所诱惑而走上歧途，给本人、家庭和社会造成严重后果。所以，学生乐

学的比例随年级的升高而下降的问题是关系到千万个学生及其家庭的大问题，是关系到基础教育的效率和国民素质提高的大问题。

笔者分析认为导致学生乐学的比例随年级的升高而下降的主要原因有四点。

其一，现有的教材设定的条件太高，没有充分尊重学生的心理、性格、智力的发展规律。中小学生因心理、性格、智力发展不健全以及身体发育的原因，学习状态不稳定，可能会在某一段时间学习状态不佳，无法适应快节奏、大容量的课堂学习。而我们的教材是按学生始终能保持良好的学习状态和匀速进步的条件编写的，没有给教师预留根据学生的学习状态调节教学节奏和容量的足够空间。教师基本上只能按教材设定好的节奏组织教学。一旦少数学生学习状态不佳且持续时间稍长，就会被落下，如此几次，被落下的就有一批。这些被落下的学生大多因追赶不上教师的教学节奏逐渐丧失学习兴趣，成为不愿学习的成员。西方发达国家的基础教育教材（特别是数学科目）比较浅易，表面看他们对学生要求低，学生在基础教育阶段比中国学生少学很多基础知识，但实则是他们考虑到了学生在基础教育阶段学习状态的不稳定，给教师根据学生的实际表现预留了调节教学节奏的较大空间，是最大限度保护学生学习兴趣的举措，是给学生的长远发展奠定强大的动力基础。在教材编写上，我们应该学习西方发达国家的一些做法，重视学生长远发展需要的知识基础，更重视学生长远发展需要的兴趣基础。

其二，大班教学形式不适应激发、培养学生学习兴趣的需要。大班教学形式对政府在国民经济发展的初级阶段普及基础教育，降低教育成本有一定的积极意义，但这一教学形式的最大弊端是：教师无法在课堂上给每位学生创造足够的师生交流机会和表现机会，以激发和培养他们的学习兴趣。课堂上充分的交流和自我表现对激发、培养学生的学习兴趣十分重要。那些在课堂上得不到或很少获得师生交流机会和自我表现机会的同学，有一种不被重视的感觉，慢慢地也就会滋生一种对抗情绪——老师不重视我，我也不重视你的课堂教学，甚至放弃学习。

其三，学生在家庭日常生活中缺少挫折教育，不能正确对待学习过程中遇到的困难。学习过程中遇到困难是很正常的事。学习过程就是一个不断克服困难的过程，但由于现在的学生多是独生子女，缺少必要的挫折教育，当学习上遇到一点小困难，因没有足够的克服困难的勇气、信心、毅力和可借鉴的经验，一些学生选择回避。天长日久，小困难累积成大困难，学习的兴趣也随之下降或消失。

其四，部分教师的教学形式、教学方法不被学生喜欢，专业水平达不到帮助学生在学习过程中实现化繁为简、化难为易、化平淡为生动。科学独到的教学形式、教学方法和良好的教学效果能极大地激发学生学习兴趣，活跃他们的思维，而要让这一巨大的潜在作用变为现实，需要一大批专业扎实和工作投入的教师。然而近几年由于师范院校很少招录到优秀高中毕业生，影响了教师队伍的建设；与其他行业收入存在很大落差，导致部分教师思想变化，影响了课堂教学质量的提高；大班教学形式和沉重的课时负担使一部分教师对运用先进的教学形式、方法心有余而力不足。诸多因素阻碍着潜在作用转化为现实，影响着教师对激发、培养学生学习兴趣作用的发挥，限制了学生的受益面与收益程度。

学生是学习的主体，学生是否乐学是学习能否成功、持久的关键，因此，基础教育的重要任务就是让每一位学生乐于学习。目前学生乐学的比例随年级的升高而卜降已经成为完成基础教育任务的绊脚石，必须动员全社会的力量尽快予以解决。

研究、分析清楚了基础教育存在的问题及原因，深化基础教育改革才能找准着力点，而基础教育的发展过程就是不断发现问题、解决问题的过程，因此希望一切关心基础教育的人们，特别是工作在基础教育第一线的教师们共同研究分析基础教育存在的问题，帮助政府有关部门及时抓住主要问题，采取有效措施加以解决，让基础教育呈现出优秀青年踊跃加入教师队伍和无腐败污染的校园里教师乐教、学生乐学的新局面。

第五章　中西方教育对比（上）

作为文化历史悠久的文明国度，我国有着悠久的文明历史，也有着悠久的教育历史。同时我国的教育也在不断地随着时代的更替和人类的进步而革新与变化。然而面临 21 世纪更严酷的对人才的挑战，我国也对现阶段的教育模式进行了探索和研究，然而，探索与研究不可以"闭门造车"，接下来对比研究一下中西方在教育模块的差异，来帮助我们更好地培养学生的探究性学习能力，更帮助我国进行教育事业的改革。

第一节　中美教育对比

一、教育观念

1．美国的教育理念

美国是一个移民国家，各民族文化上的相互渗透及相互包容，使年轻的美国充满生机和活力。在这个联邦制国家中，各州的权力很大。联邦教育部无法统一全国各州的考试标准。由各州自行制定的教育标准，着重于满足各个民族、各个阶层对教育的不同需求。美国教育倡导从小培养孩子的自信、个性发展及创造性，自信心是课堂教学的重要内容，美国文盲的标准是能不能读懂美国宪法。

在美国教育中对个人主义价值趋向和个人能力培养十分重视。美国的资本主义和个人主义至上的社会环境，鼓励社会中各个公民进行个人奋斗并获得自我价值实现，以此来推动全社会的发展进步。社会各个领域内，社会成员之间为生存和发展的竞争是激烈的。对任何社会成员来说，自信心、独立工作的能力和创造性能力都是其生活、事业取得成功的先决条件，都是实现其人生价值的先决条件。美国的教育为适应美式资本主义社会的现实，特别强调培养学生的个人主义价值观，并在这种个人主义价值观的指导下，培养学生的创造能力和个人自我价值实现的渴望。在具体的教学活动中，他们鼓励学生产生自己的见解，发明自己的方法。教师引导学生进行独立的个性化思维活动，对有关政治、宗教、历史、地理和文学方面的很多问题禁止教师提供"唯一正确的答案"，要鼓励多种不同见解的存在，不许教师代替学生思维。在考试的时候，考核的重点也不是表现分析能力的高低，要看其分析答案自身的合理性。

2. 中国的教育观念

中国历来有重视教育的传统，中国古代特有的科举考试制度，鼓励读书人"学而优则仕"。这种通过考试选拔文官的制度，需要考生阅读背诵大量的历史文献，掌握理解大量的历史知识和典故，因此教师总是要求学生"两耳不闻窗外事，一心只读圣贤书"，教育学生"劳心者治人，劳力者治于人"。激励学生学习的动力是金榜题名，是"十年寒窗无人问，一举成名天下知。"成绩成为了评判学生优劣的决定性标准。

我国现行的学校教育是努力培养"学业智商高"的人才，注重积累知识的能力以适应各种标准化考试的选择，培养的是学习型人才，而忽视了培养社会所需的多层次创造型人才。国内的教学使得学生虽然基本功扎实，但是缺乏实践和创新的能力，许多学生的个性和特长受到抑制，即使是在开展探究性学习的时候，学生的思维也不够活跃，想象力也很有限。今天的中国教育，从某种程度上来说，仍没有走出应试教育的束缚。大量的机械重复的作业和练习，大量枯燥无味靠死记硬背得来的知识，忽视了每个学生的个人特点和兴趣爱好，忽视了每门课程自身的特色。在这种教育体制的长期熏陶下，受教育者会把不断的重复劳动当成一种乐趣，会把对上级和规则的绝对服从当成一个习惯，学生仅仅只是知识的容器。学而优则仕的科举制度使中国人形成了一种思维的定势：重文凭，重学历。它很大程度上决定了人们的职业、收入、财富、社会地位和他将来的发展空间。而整个社会的用人体制也是重学历轻能力，这也使得社会过度强调考试的唯一性和重要性。

二、教育模式及方法

1. 美国的教育模式及方法

美国的学校从小就重视和尊重孩子的自尊心和自信心，学生在课堂上随时可以与老师进行对话，表达自己的观点，讨论甚至辩论，课堂氛围自由、宽松，是典型的以学生为主的教学模式。这个过程中，学生从小就养成了"生而平等"的人格感，在活动、游戏、讨论、实践等各个环节中学会独立动手、动脑分析解决问题，学会如何与人相处的团队精神。

美国教师上课的风格大都具有戏剧性，在课堂上学生上课可以吃东西，翘二郎腿，有的教师讲课时嘴里还嚼着口香糖，有些老师讲到兴致处，还会坐上讲台，讲得有声有色，全无中国人所看重的课堂仪表。美国教师讲课大多缺乏系统性，一个问题尚未解释清楚，又跌到另一个问题，一堂课下来，七零八落的，不知道在讲些什么，非常没有条理性，经常讲与课文无关的内容。美国没有全国性的课程标准，但各州、郡甚至学区都可以自行编订课程标准。从总体上看，美国的课程设置相当灵活，内容广而不深，强调生活的基础，关注生活经验，引导多元发展，更多的从社会需求和学生生存需要考虑，重视学生的实践能力、思维能力及认识问题、解决问题的能力的培养。

美国的教材注重知识面上的拓宽，轻视对知识深度的过分挖掘；重视学生的实践能力、动手能力的训练，轻视对知识的死记硬背；重视学生学习自主性、独立性和创造性等培养，轻视求同思维的过分培养。其教材大多图文并茂，生动形象，题材多样。每一题材都有不同时代、不同类型风格的文章，还配有背景报道、作者介绍等相关内容，还专门列有相关文章的网址，从而方便学生课外阅读。

2. 相比之下的中国模式

中美教育除了自我定位问题的差异之外，在学业课程的选择上还有很大的区别。在我国，学校开学和放假，都是由教育主管部门具体指示安排，课堂教学都有统一的课程设置标准，统一的教学大纲，各地教育主管部门根据上级安排及本地的实际情况，再制定出当地相对统一的教学内容及教学进度。我们的课堂教学是典型的以教师为主的教学模式，注重培养学生对知识和权威的尊重，老师习惯于以权威、监督者的形象，严肃地站在学生面前训话、布道，这种"一言谈"的课堂教学模式知识容量大，对学生要求高，在教学的严谨性、严肃性方面都是无懈可击的。但这种"满堂灌"的方式，也让学生养成了只知道被动记忆，不爱提问的习惯，从而使他们在学习中习惯于过多地依赖教师和课本。同时也带来了课堂不够活跃、课堂氛围比较严肃、学生阅读面不广、自主学习能力较差和实际操作水平不高的弊端。

通过上述比较，我们可以看出中美两国有着极为不同的教育传统，中国的教育窄而深，侧重于知识的静态接受，而美国的教育广而博，侧重于知识的动态掌握；中国的教育注重知识的积累和灌输，注重培养学生对知识本身的掌握，而美国的教育则注重培养学生运用知识进行解决实际问题的能力，注重培养学生对知识的拓展和创新；中国的教育注重培养学生的求同思维，培养学生严格、严密、严谨的精神，而美国的教育注重培养学生批判性思维和发散性思维，培养学生的自信、自主、自立精神。中国是一种模式化教育，而美国则是一种精英式教育。为了更好地将二者进行对比，笔者单独细分了以下几个方面，并作阐述介绍。

（1）"填鸭式"与"启蒙式"

中国教育一般被称为"填鸭式"的教育，是不断灌输知识，犹如炮制填鸭的做法。"填鸭式"教育枯燥无味，一则学生未必能完全接受理解老师所说，二则泯灭了学生对学习的兴趣。这种教育方式很容易使人对学习产生反感。在中国，大多数学生提起学习就唉声叹气，足以证明此点。而且，在中国抄作业很普遍，学生们提起作业，一般很反感。另外"填鸭式"的教育也很容易形成书呆子，因为学生根本难以变通、活学活用。当然，"填鸭式"的教育也有其好处，就是让学生的基础知识变得十分牢固。而美国教育则是"启蒙式"的教育，以引导为主。人类天生有好奇心，"启蒙式"教育重于引导、刺激、扩展这颗好奇心，使人对学习存有好感，从而提高学习效率。而且，提高了人对学习的好奇心，可以让学生自我寻找出一条路去解决问题。在美国，老师很注重引导学生的好奇心，或以游戏形式，或以轻松搞笑的环境，通过这些方法，学生能很容易理解老师的意思，也能使这些知识长期保留在脑海中。"启蒙式"教育就像给你一把钥匙，至于怎么开，从哪个门进，都由你自己选择。学生通过启蒙，通常都能活学活用所学到的知识，因为这不是靠死记硬背，而是自己感悟出来的。

（2）压力

中国孩子与美国孩子在学习读书方而的压力有着天壤之别。在中国一上小学，大量的作业随之而来，上了中学，作业更是一堆又一堆，学生们没有时间发展自己所长，做自己喜欢做的事。假期原本是让学生们放松身心的，但是期待的假期却又有一大堆作业和各类补习班在等着他们。学生的心智根本得不到应有的空间去发育，兴趣根本没有时间去培养，中国学生压力之重，可想而知。虽然近年来不断地高呼"为中小学生减压"的口号，但是实际上减了多少？有没有减？不得而知。相反，美国的前期教育却宽松得很。美国的中小学，基本上以提高学生对学习的兴趣为主，不布置大量的作业，让学生多四处走走。学习也不是很严，练习题也比较少，多是一些需要动脑动手亲自做的作业。整个学习环境很宽松，老师提供了很多快乐，在快乐当中灌输很多知识，使学生在不知不觉的情况下学到东西。人们在十来岁之前，对世界还不是很了解，对世界上的很多事物都很有兴趣、很有好奇心，心中总有很多个为什么。给学生充分的时间去思考、去接触、去发掘。既可有个无忧无虑的怀念的童年，又可发展自己的兴趣，让心理生理同时成长。

（3）学习时间

在中国，一天上 7 到 8 节课，8 到 9 个小时是很正常的。但是在美国，每天 6 个小时的上课时间，同样能教出能立足社会的人才，教育效率比中国高得多。中国孩子每天辛辛苦苦地上了八九个小时的课，回到家里还要做上 1 个小时甚至更多的作业，压力是多么大啊。而在美国的孩子每天轻轻松松地完成 6 个小时的学习任务，到家里就是自由时间，学生可以有充足的时间发展自己所长。

（4）"借课"

通常一到了考试前夕，语数英三个主课的老师肯定四处借课，导致有些时候一天里不是语文就是数学，再不就是英文的情况。但是这个"借课"，是不是真的借了？会还吗？说真的，借完课会还在中国很少见，通常都是不了了之。说是"借课"，可能是老师们都不好意思说的"抢课"吧。这样导致其他学习内容大幅度地减少（例如美术、音乐等等），学习趣味性大幅度地降低。而在美国，这种情况根本不存在，无论学习多么紧张，距离考试还有多近，主科的老师绝对不会四处借课或者抢课，其他副科还是继续。一则在紧张当中为学生留个喘息的机会，二则在最短时间内完成要做的事，而非重复又重复地做着同样的练习。

（5）教师的幽默

相信大家应该会喜欢一个有幽默感的老师而非一个整天板着脸死板的老师吧。在中国，大多数老师都没有幽默感，上课的时候板着脸，一本正经地讲课。课堂死气沉沉，一点也不生动。而在美国，很有生活情趣、很有幽默感的老师很多，上课极为生动。上课表演很多动作，说很多笑话，说话很贴合学生的所思所想，这样很容易吸引学生的注意力，然后将之转到学习上面，从而提高了学习效率，活跃了课堂气氛。

（6）贴合实际的课程

中国中学的课程没有什么实际上的用途。例如历史、地理等科目，在现实社会上的用途比较少。不是说学这些科目没有用处，但是历史在社会上可以用到的地方比较少。这些科目可以学，但是如果初中、高中都是必修的话就较为多余。因为上到大学，如果不是专修历史，以前花这么多时间就基本上等于白费了。可以说，中国的教育比较传统化、正规化，也不太贴合实际。而美国的课程就有所不同了。从小学到高校，都有很多源于生活、用于生活的课程，例如有些木工课、铁工课、烹饪课等等。在这些职业化的课程中学到的东西在现实中会很有用处，能使学生在脱离学校后迅速适应独立的生活。

（7）选科制

中国，在大学才能选自己专修的科目，但是在美国就不同了。在美国从高校开始就逐渐转往选科制了。也就是，学生能从很多科目中选取自己喜欢的科目来修读。英文、数学等科目虽然在高校的前一个阶段仍是必修课，但是到了高校的后期，就已经不是必修课了。学生可以完全凭自我喜爱选择科目。这种制度一方面能让学生更快适应大学的制度，另一方面可以让学生在大学前就已经可以学很多关于自己所选专业的知识，其他无关的东西粗略知道就可以了。

（8）假期

在中国，我们有寒、暑两个假期，一个学期有2个月，每个学期的时间很多。这样学生们在学期末一般都已经精力耗尽，身心疲惫。而在美国，每个学年有春、夏、秋、冬四个假期，每个学期只有9到11个星期。这样学生每跑一段路都能停下休息一下，充充电再去迎接下个学期的挑战，可以说是比较好的分配假期的方法。而且，在美国，假期是没有假期作业的。而在中国，一个暑假的假期作业分量往往令人吃惊。

（9）活学活用

中国的"填鸭式"教育，课本较为沉闷，而且要求学生背诵课文。考试也多是以课文内容为重点，缺乏了"活"的性质。这种学习方式容易造成书呆子，不懂得活学活用。而美国的教育，课本只是一个参考资料而已，而且并没有规定的课本，可以说没有课本。教育部门只是规定下来每一年要教会学生什么内容，由学校、老师自己选择先后次序。如此一来，灵活性大大提高，老师很多时候要求学生自己搜寻资料。学生很多时候要自己活学活用，而不是按章办事。

（10）分数

在中国，一般家长、老师都十分重视学生的分数，分数不高的学生通常都会当作是不好好学习的学生。而在美国，分数就不是很重要的事了，虽然仍然有一定的重要性。通常老师以及家长总会要求学生考很高很高分，但是在美国，及格已经足够了。在美国，很少用分数来评一个学生学习的好坏，而是分几个等级，也就是不及格、及格、中等、优秀。虽然这几年也开始以 ABCD 来取代分数制，但是在中国，考试的分数仍然占据最重要的位置。尤其是在高考的时候，分数将会决定学生的命运。

（11）考试

美国学校的考试机制是学什么，考什么。中国学校的考试机制是考什么，学什么。学什么，考什么，是考试为了教育服务。考什么，学什么，是教育为了考试服务。这就是中国与美国教育的不同之处！西方国家学校考试前的准备阶段非常短，甚至根本就没有。相反，中国学校考试前的准备阶段非常长。中国的"高考"，让高中生用高三这整整 1 年的时间进行准备。而美国大多数学校在"高考"来临前，在学校每月例行简报中提醒一声而已。不利用任何课时、也没有以任何方式帮助孩子进行复习、准备考试。一般来说，美国高中生参与的活动可以分成体育活动、文娱活动、科技活动、校内活动、校外活动、个人兴趣爱好……"综合素质"听起来好像挺"虚"的，但又实实在在地表现出你"是一个什么样的人"，比起干巴巴的分数，更能表现出一个有血有肉的人来。

中国学校对孩子进行"考试"，目的是为了发现问题，淘汰之。美国学校对孩子进行"考试"，目的是为了发现问题，改善之。考试本身只有检测功能，没有淘汰功能。检测只是手段，因为面对检测的结果，我们可以有很多目的：发现问题，改善之；发现人才，选拔之；发现特长，培养之……当然，也可以包括"择优汰劣"这一目的。但那不是考试的功能，考试只显示检测的结果。至于怎么处理这些结果，与考试功能无关。当我们把"考试"这个教学中"之一的手段"变成整个教育中的"唯一的目的"，我们的教育就成了淘汰教育，而不是以人为本——以培养人为"本"的素质教育。如果说，教育的目的是让每一个人潜在的素质都得到全面地发掘、潜能都得到充分发挥；那么，考试显然是帮助个人发展的检测工具。当考试变成择优汰劣的机器时，考试在教育中的功能就异化了。这就是中外教育观念和考试观念的不同。

（12）教育理念

美国教育以规模教育、知识教育、成才教育为基本特征。而中国的教育则是以应试教育为基本形式，小孩子从学前班一直到高中，甚至大学，以传授知识为天职，学生负担太重，升学压力太大，忽视实践、生活，忽视基本素质，忽视个性心理，而求同思维模式更加强化了现代教育的内在矛盾，这是学生缺乏创新精神的主要根源。成才本身并没有错，培养人才是教育的目标之一。然而成才对人生而言并不是终极目标，终极目标是人的幸福、人的解放、人的自由和人的全面发展。如果成了知识的奴隶，是人才却没有人生乐趣，那么这种教育就值得怀疑，就有改进的必要。苏联教育家苏霍姆林斯基提出"教育是培养幸福的人"，这个思想是富有远见的。现代人，尤其是中国人成才的欲望太强烈，家长和学校都有急功近利的倾向，恨不得一下子把学生都培养成博士。让他们读那么多的书，参加那么多的培训班，节假日也不休息，结果怎么样，考上大学的人越来越多，参加国际奥林匹克获奖的学生也不少，但是原创性、具有国际影响的科技成果却不多。中国国内至今无一人获得诺贝尔科学奖，难道还不能引起我们的深思吗？杨振宁讲他到美国读大学时，考试名列前茅，然而一旦研究问题就不知如何下手，经过几年时间才学会了适应美国大学的研究式教育模式。中国教育培养考试型人才，而不是培养创造型人才，这是中国当代教育的根本性缺陷。说"小孩都是天才，现代教育使他们堕落成了人才"，并不是全盘否定现代教育，而是指出以成才作为教育根本目的是有严重缺陷的，是近现代人工具理性的产物。正像现代人崇尚金钱、功利主义、个人主义、享乐主义一样，我们虽然无法从根本上扭转价值观，但指出其偏颇，总不能说是大逆不道吧！

　　虽然美国教育有很多地方值得中国教育学习，但是不代表美国教育就是完美的。美国教育也有其漏洞，而且不一定适合中国国情。教育尤其是比较教育的研究要充分考虑本国的历史文化传统和"民族性"等因素，而不能完全照抄照搬和简单借鉴别国的教育制度、课程体系、组织形式和教育方法等。应该关注现实中的教育问题，要与中国教育的实际相结合，要吸取精华去其糟粕，创造出一套全面的、自己的教育模式。中国教育在学习美国教育的同时，也需要变通，做到活学活用，改进自己的教育模式，创造出具有中国特色的教育模式。

三、实例探究

　　下面我们来看这样一个美国语文探究学习案例：20世纪50年代末60年代初，在美国开展现代化教育运动的过程中，芝加哥大学施瓦布教授提出了探究学习的概念。直到现在，探究学习对美国语文教学仍有深远的影响。

（一）探究学习的基本过程

1. 拟订探究问题。开学初，老师（联哈恩先生）便鼓励他的学生提出一些本学年内应该学什么的想法。经过多次商讨之后，他们共同确定了学习主题：为什么军事基地被关闭了？为什么这么多的农民失业转行？什么是超级信息高速公路？什么使电影和电视节目受到普遍欢迎？生活在太空空间站上将会是什么样？基因工程将怎样改变未来？全球气候变暖对我们有什么影响？什么使世界上的人看起来不一样？什么使一个人成为英雄？

学生首先选择"为什么军事基地要关闭了"这个主题进行探究，因为他们当中大多数人的父母在附近的军事基地工作。

2. 自由探究。学生运用互联网开始他们的研究，并在公告板上留言，希望能够得到有过类似经历的人的回复。他们收到了大量的支持性信件，包括一封来自国会议员的信，还有几封来自军事基地已经关闭的社区的学生的信。

3. 创设探究环境。老师把一个从外地邮来的小册子复印了几份发给学生，供小组讨论。他让学生先阅读这个小册子，然后分析它在说服人们支持基地开放的过程中的有效性。学生用两条标准来评价这份材料：这个材料能帮助人们在这个问题上做决定吗？如果不能，缺少什么信息？

4. 引导探索活动。（参见课堂实录）

5. 形成探究结果。在谈论小册子的缺点时，老师在黑板上"有什么不对"的标题下面写下了他们的评论。讨论结束时，他写下另一个标题"怎样修改它"，学生回顾了一些在讨论过程中提出的建议，然后从这些建议中提出了些有效的劝说性文章的五条标准。他们开始以小组为单位创作自己的宣传手册，还将把它递交给当地的军事基地和市民委员会。

（二）课堂实录节选

师：看完了宣传手册，你们有什么想法？

生：这个宣传手册确实有问题。

师：你认为它存在哪些问题？

生：开头部分内容枯燥，只是一些乏味的陈述。我想没人能读下去。

师：怎样做才能使它让人读下去？

生：首先，我们不能把这些毫无意义的材料放在首页。没有人愿意读这样开头的东西。我们会用军事基地里面一个家庭的相片去吸引人们的注意。你知道，照片上的父亲穿着制服，一身戎装，还有一大堆的孩子。然后我们在相片的上方打印上"失业"，在底部打印上"不要让它发生"。

师：你是要强调基地的关闭涉及每一个人，这是你想让大家了解的第一件事情吗？

生：是的。然后我们可以选用一部分他们放在前面的材料，来说明关闭基地会导致那些在快餐店和基地商店里工作的人们失业。

生：是的，这本宣传手册一直在重复说同样的事。我们组把它综合概括了一下，它看起来似乎没什么可读的。

师：你想要用简练的话来表达这个意思？

生：是的，还有，我们认为它可以说得更明确些，应该运用大家都明白的词语。

　　师：那么，你是说它应该针对更广泛的听众吗？

　　生：是的，对，用简练的语言，大家都能明白。

　　生：更像广告。有的放矢，直截了当。因为，你是想引起人们的注意而不是要把人们折磨死。

　　师：你是要劝说读者，但是，在你要讲述的事和广告之间有没有什么差别？

　　生：嗯，目的是一样的。我们想要"卖"给读者一些东西……让他们给国会议员、总统和任何一个能够对将要发生的事做决定的人写信。

　　生：但是在电视或其他媒体上，他们有时说谎……或者他们没有真正告诉你所有的事情，就像当你还是个小孩子时，在卡通动画里看到特别好的东西，你想要去买它，而实际上它却并不像看起来那么好。

　　师：那么差别是……

　　生：我们想给大家呈现出事实，让他们知道发生了什么，并帮助他们做些事情。

　　（三）价值取向分析

　　本文拟从问题、情境、交往三个维度来透视前述案例：

　　1. 问题。学生选择军事基地即将关闭这个问题进行探究，是因为这个问题已经触及他们每个人的生活。在探究伊始，老师会要求学生列出他们已经知道的与这一主题有关的五件事情，然后再列出他们想要知道的五件事情。考虑学生在兴趣、需求和能力等方面的差异，老师一般会按照下面这个"问题环"来帮助、指导学生列出问题提纲：什么是你已经知道的？什么是你想知道的？你学到了什么新知识？你能把新知识与其他知识或自身的经历做怎样的联系？这次学习使你产生了什么新的疑问？

"什么是你已经知道的"这个问题，引导学生激活和联系已有的相关知识，把即将讨论的问题映射到自己已有的知识结构中，搜寻自己有哪些与此相关的知识、经验。这使学习活动切实深入到学生的经验世界。学生通过对这一问题的回答，进一步认识、了解、把握自己——"旧我"。

要回答"什么是你想知道的"并列出五件事情，学生就要综合记忆中的信息，结合原有的知识或经验，联系具体的事实资料，根据自己的兴趣，积极思考、判断，做出适当的假设、推理，明确自己的探究目的。学生在问题的驱使下，伴随问题的解决而更新和武装自己——"新我"。

但是，旧知识不可能自动产生新知识，旧经验也不可能自主提升为新经验，"旧我"更不可能自觉建构"新我"。而"你能把新知识与其他知识或自身的经历做怎样的联系"这个问题，就为新旧知识的更替、新旧经验的转化、新我旧我的互动架设了一道适时而有用的桥梁。这个问题的解决，为新旧知识的有机联系、新旧经验的整合提供了必要的平台。在这个平台上，新旧知识经验相互作用产生意义建构从而实现旧我向新我的转换。也就是说，新知识、新经验的融入在不同程度上可能导致原有知识经验结构的调整甚至改变，通过这种相互作用，学生的认知结构得到进一步深化、丰富，认知结构的优化意味着"新我"的生成。因此，探究学习在表层上表现为问题的发现、提出、解决，而实际上是在探究"旧我"，探究"旧我"向"新我"转化的途径，建构"新我"。凭借"问题"这把钥匙，探究学习把学生的目光引向自我，切入自我的内心世界。

解决"你学到了什么新知识"这个问题，学生必须有意识地对思维过程进行反思概括，总结自己学到了什么，在将新知识与原有的知识联系起来的过程中，有意识地提炼出自己在探究过程中所获得的新理解或运用的新策略，并把它们与相关概念、具体技能、解决策略与具体的问题联系起来，在整合知识经验的基础上，形成具有鲜明个性色彩的学习策略。

在回答"这次学习使你产生了什么新的疑问"这个问题时，学生在探究过程中提出了如下问题：如果战争是残酷的，为什么我们不阻止战争？人们为什么参军？我们的军事基地有什么作用？我们的父母在基地中做些什么？我们的家庭还卷入了其他战争吗？这些预备役军队做什么？国家的正规军队在做什么？战争经常发生吗？这些问题的提出使探究的实在性、丰富性充分显现出来。因此，探究学习既是建构的，又是解构的。

2. 情境。当学生提出军事基地这一问题进行探究时，他们已经意识并体验到了目前的生活状态将要发生变化，出现与理想的生活状态不一致的困境，解决这种困境的心理倾向就构成了探究的需要和动机。也就是说，当学生提出问题时，已经开始与构成问题的各要素互动，这个问题也就不再是"与我无关的问题"，而成为"我自己的问题"。学生在探究过程中就会投入更多的努力，积极主动地承担起学习过程中的责任。可以说，探究一开始，学生就以"主体"的姿态进入到一个开放的学习情境中。

在探究过程中，他们收到了大量支持性的信件，包括一封来自国会议员的信，还有几封来自军事基地已经关闭的社区的学生的信。他们在课上探讨了宣传手册的准确性与可靠性，以及劝说他人的方式。他们还到有着相似经历的其他社区走访，获得了一些很有帮助的建议。学生在获得主体身份的同时，已经不知不觉地走入了情境当中，成为情境中最积极、最活跃的因素。在学习过程中，学生们从当地的军事基地研究到美国 20 世纪的战争，后来又进一步追溯到美国 18，19 世纪的要塞、城堡。他们还查看了美国历史上与战争有关的著名演说，调查了政府各部门参与战争的过程，还研究了军队的管理。学生还从艺术表达视角对战争进行研究，研读了一些描写战争的经典著作，欣赏了美国独立战争时期的一些乐曲，评析了几幅有关战争的名画。他们在研究过程中用数学语言检查、处理获得的数据，记录访谈、调查结果。这些复杂的、身临其境的学习活动也许是非正式的，但却包含着极其广博的真实见闻，是充满挑战、富有生气的真实活动，为学生提供了理解、解决真实的复杂问题的机会。他们自己决定探究方向、制定研究计划、选择研究方法，组织参观、调查、实地考察，查找、梳理、归纳资料，进行小组讨论，得出结论。这些特定情境中的活动有助于学生最大限度地利用他们拥有的信息，对信息做深度加工并相应地重构知识，体验他们自己的决策过程和解决问题的策略，体验充满挑战的心智过程。学生在多元的真实情境中从"新手"成长为"专家"，当他们以"专家"的身份和眼光来审视、处理人与自然的关系时，也就意味着人类经验和个人经验实现了融合，物我关系得到了优化。

3. 交往。当小组讨论的时候，学生体验了师与生、生与生之间的人际交往活动；当走进社区，与一些参加过越战和其他战争的退伍老兵座谈的时候，学生经历了人与群的交往互动；当邀请一位学生家长介绍地图在制定作战计划时的作用的时候，学生亲历了人与组织的互动；当全班到部队参观的时候，学生参与了教学组织与社会组织的交往活动。在多种交往并存及相互作用所构建的交往场中，学生分别扮演了发言者、受言者和在场者的交往角色。在角色转换之中，学生从言语主体、言语客体和言语环境三种不同的视角体认交往活动，学会用变化的、多维的眼光来看待问题，经历了为表达自己在特定情境中的独特感受而遣词造句的复杂心理过程。这个过程既体现为一种外在的表达、交往技能，又是一种内隐的心理意识结构的反映。对个体语言获得来说，在选择恰当的语言进行交往的过程中生成语文能力，不仅是个体社会化的过程，也是人的实现的过程。在多元、平等、开放、自由的交往活动中，随着语言交往、信息交流、精神交往的深入，生与生、师与生之间的互动就会碰撞出思维的火花、闪现出人性的光辉，师生就逐渐从自我原有的独善性的思维、封闭式的情感、单面性的人格中摆脱出来，在自我反思的基础上，突破已有的认知结构、心理结构、思维结构，超越原有的人格层次，进而使自己的生命潜能得到进一步的发挥。正是在人与人的交往过程中，个体确立并认证了既与他人紧密联系又区别于他人的关系网中的自己，与正当的人际关系世界建立起和谐的联系，使自己的交往行为合理化。

综上所述，探究学习中对问题的探究旨在引导学生关注自己生命意识的丰富与流动，通过体验丰富多样的情境积累具有个性的自我经验，通过优化物我关系实现人与自然的深度融合，在各种各样的交往活动中扮演不同的角色，进行人际沟通和社会交往，发展和谐的人我关系。

总之教育是一种文化现象，不同的教育反映的是不同的社会文化内涵。其实最理想的教育是将中美两种教育模式的优势相融合，这样培养的学生既有扎实深厚基础又有创新。但是由于这两种教育模式是基于不同的文化传统和社会背景，所以融合起来有着相当大的难度。中国的基础教育和高等教育目前确实都存在着一些问题和弊端，美国的教育的确存在许多优点和先进之处，值得中国教育借鉴和学习。但这并不意味着中国的教育改革就要完全以美国教育为榜样，中美两国的教育体制是根植于两国的文化传统、历史背景以及价值取向的。中国的教育必须建立在适合中国国情的基础上，反映中国的社会文化内涵，中国的教育传统也必须根植于中国的文化传统。如何探索出既能适应中国社会又能汲取世界教育精华的教育模式，是教育研究的重要内容，也是研究的难点，总之，我们需要的是本土化与国际化相结合的现代化教育。

第二节　中德教育对比

德国是世界第四大经济强国，并且是欧盟 GDP 总值排名第一的国家。这都是与其先进教育有直接的关系，"它山之石，可以攻玉"。德国的教育事业始终走在世界最前列，取得了令世人惊叹的成就，通过中德教育的比较、借鉴，提高我国的教育水平，培养学生的探究性学习能力，具有十分重要的现实意义。

一、学前教育

学前教育，又称幼儿教育，是指实施幼儿教育的机构根据一定的培养目标使幼儿的身心获得协调发展，为入小学接受小学阶段的教育做好准备。

德国学前教育和幼儿园设施不属于国家的学校体制，而属于青少年福利救济事业。上幼儿园是自愿的、免费的，属于义务教育。德国的学前教育普及率是相当高的。德国十分分重视对儿童自主探究性的培养，帮助儿童形成健全和谐发展的人格，注重儿童身心的发展和教育。

我国实施学前教育的机构主要有托儿所、幼儿园、附设在小学的学前班等，其年限从 1 年至 3 年不等。我国的学前教育普及率不高，存在"入园难"的问题。儿童从小接收的是"应试教育"，教师和家长在儿童幼小的心灵上打上最重要的烙印是：要多识字，要多做算数运算。强调儿童知识掌握多少，而很少注重儿童的身心及人格的发展和教育。

我国把大力发展学前教育作为保障和改善民生的重要内容，对学前教育进行了全方位的制度设计，制定了一系列强有力的政策措施，落实政府扩大资源、保障投入、教师队伍建设和规范管理等方面的责任，同时要求各地以县为单位编制实施学前教育三年行动计划，争取尽快缓解"入园难"的问题。

二、初等教育

初等教育即小学教育，或称基础教育，是使受教育者打下文化知识基础和作好初步生活准备的教育，通常指一个国家学制中的第一个阶段的教育，对象一般为 6—12 岁儿童。这种教育对提高国家民族文化水平极为重要，因此各国在其经济文化发展的一定历史阶段都把它定为实施义务教育或普及教育的目标。

德国的小学教育只有短短的四年。儿童 6 岁入学，10 岁毕业。此阶段的初等教育同样重视儿童个性的培养，倡导儿童个性解放。这从德国初等教育的教学形式、学习内容可以看出。德国的初等教育规定满六岁的儿童皆需进入小学就读，此为义务教育不可拒绝。此阶段的最大特点是不给予孩子功利的分数成就导向。小学的一二年级都没有各科成绩单，而是以老师的评论作为学习成绩的考量。小学主要培养儿童对学习的兴趣，倡导个性自由、个性解放。

我国实施初等教育的机构一般分为两类，一类是对 6 至 12 岁左右的儿童实施教育的普通小学；另一类是为未能接受初等教育的成年公民开办的初等学校，主要是进行扫盲教育和基本的文化知识教育。平均每年扫盲两百多万人，青壮年文盲率控制在百分之四左右。尽管中国在扫除青壮年文盲方面做得比较好，但是剩余的文盲绝大部分分布在农村，尤其是在西部地区，其中一大半是女性。此外初等教育还包括承担实施小学教育任务的其他机构，如招收儿童、少年学员的文艺、体育及特种工艺等机构。

我国的初等教育是典型的"应试教育"。在小学教学模式方面普遍是僵化的"灌输式"、"填鸭式"。从幼儿园到大学,从学生到家长,从教师到学校,观念就是"分分是命根"。老师、家长重视的是学生各科成绩考得好和坏;学校重视的是考入重点中学的升学率多少。学生的压力过大,个性完全被束缚,这样就给儿童创造力的发挥戴上了枷锁。

三、中等教育

在初等教育基础上继续实施的中等普通教育和中等专业教育。实施中等教育的各类学校为中等学校,普通中学是其主要部分,担负着为高一级学校输送合格新生以及为国家建设培养劳动后备力量的双重任务。中等专业学校包括中等技术学校、中等师范学校,担负着为国民经济各部门培养中等专业技术人员的任务。中等教育的数量和质量在很大程度上直接决定一个国家劳动者的素质,对于经济建设和社会发展起着重要的作用。

在德国,小学生初等教育毕业后,差不多是10岁左右,就开始分流接受中等教育。依据小学的成绩、教师的鉴定和家长的意见,学生将被决定升入哪一类中学学习。德国有四种以毕业后在不同领域再深造而相区别的中学。小学毕业后,成绩较好的学生通常选择文理高中就读,为期8-9年,这是进入高等教育必经之路;成绩次好的学生常常会进入实科中学,学习5-6年,学校以培养中等的工商业界、政府相关的实务人才为主;成绩再次的学生则就读五年制的职业预科和职业教育完成学徒训练,并以从事工业、制造业为主。德国实行小学后分流制,其目的是尽早把学生按成绩分开，教育的努力方向不是把所有孩子都送进大学，而是"因材施教"，是一种典型的"天资论"的教育形式。

我国的中等教育仍然是典型的"应试教育"，并且学生是人人都要争取走上大学的这一"独木桥"。

德国的学生10岁左右就开始分流，基本决定了长大要做什么样的工作，之后的学习也是有目的地学习怎样才能做好这样的工作。而我们的学生许多在18岁左右，甚至大学毕业后还不能知道今后会做什么样的工作。有的学生找到的工作还与所学的基本知识相差甚远，不得不再进行相关的知识学习。这些都是应试教育的严重弊病。人力、财力、时间的浪费可想而知。

德国的义务教育从6岁到18岁，一直持续12年。所有公立学校都是免费的，这样就很有效地提高了国民整体素质。当然我国有国情的限制，但是为了适应激烈的国际竞争，尤其是人才竞争，我国还要继续增大教育投资，普及义务教育，提高国民文化素质。

四、高等教育

高等教育是中等教育之后所实施的各种专门教育。在我国，高等教育包括全日制高等教育和成人高等教育两个类型，后者属于成人教育范畴。中国高等教育分为专科生、本科生、硕士生、博士生4个层次，授予相应的学士、硕士、博士学位。中国高等学校分为文、理、工、农、林、医药、师范、财经、政法、体育、艺术等科。

在德国有文理中学毕业证或"进入高专资格证"的学生便可以

在高等院校任何专业学习。德国大学没有级别上的名词排列，任何大学都有各自的特点。根据其任务、性质可分为综合大学、高等专科学校和艺术大学三种。大学和高专毕业后都可以拿到硕士学位。德国的大学入学率是 26% ~ 28%，毕业率是 25% ~ 30%。德国高校强调教学与科研相结合，科学研究得到了很大发展。课程设置、教学内容随着科学发展而不断得到更新。

我国高校是按固有的教学大纲进行教学计划制定的。由于课程所用教材陈旧，已远远不能适应社会发展的需要。一般在高校中课程设置规定较死板，所设选修课程门类较少，不利于学生特长的发挥、知识面的扩大，更不利于学生独立工作能力的提高。

德国比较崇尚自由和理性。中国现在的教育情况堪忧。整个大学体系似乎都已沦为高等技术培训所。中国教育比较死板，讲究流程。因此，自由度很小。

五、教师

教师是教学活动的组织者，也是影响教学效果的最重要变量。德国各级各类学校的教师都必须受过高等教育。大学教师的选拔有不同的几种级别，在选拔的同时，也要考虑研究的课题、发表的文章、授课的水平以及人际关系等方面；教师的选拔是很严格的事情，并且基本上不在本校招人。在德国，教育的培养方面，中、小学教师有寒暑假的培训，在大学的教师还要参加国际会议。

德国教师的待遇在欧洲国家中是最高的，教师职业成了众所瞩目的职业，这也就保证了师范生的生源质量，尤其在高等学校，德国的教师待遇更高，教师安心教学与研究。

在我国对小学、初中教师的培养还未达到高等教育水平，教师待遇较低，医疗条件和住房条件有待进一步提高。为了提高生活质量、水平，有些中、小学校的教师进行课外班辅导，大学教师校外兼职"捞外快"，也影响了教学的质量。

我国高校的教师绝大部分是本校毕业生，这样不利于活跃学术空气、博采各家之长，是有待改进的；我国高等学校实行教授、讲师平升制度，教师的学术水平往往得不到公平评价，在评价中有不少非学术因素在起作用。这不利于调动教师的积极性，是应该逐步加以改进的。

六、启示

百年大计，教育为本。总结德国教育经验，我们容易看到在许多地方值得我们学习借鉴。当然我国教育有其自身发展规律。我国上下五千年文明当然积累了很多宝贵经验，但是没有对比，不知差距，我们需要学习借鉴德国较先进的教育经验，特别是"分流教育"、"因材施教"，提高教育投入，发挥地方办教育等成熟的教育方法和措施，使我们国家的教育越办越好，早日实现中华民族在21世纪的腾飞。

七、两国对比

通过上述对比，可以看出中德教育体制存在着较大的差异，笔者以为，其主要原因有以下三点：

1. 教育背景不同

早在 16 世纪，德国的学校都是以教会形式出现，所学习课程仅有神学、医学和文学等科目，德国的教会学校可溯源于 16 世纪的宗教改革时期。当时为了扩大新教派的势力，教会学校因此在那一时期纷纷落成，时至今日，德国的教会学校已经今非昔比。学校、学生和教师，已不再是中国百姓通过传媒所了解的，如同教堂一般神圣的课堂，和修道士一般的着装。但是校园里弥漫的宗教气氛，仍旧庄重，能够感触到一种道德、灵魂和信仰的神圣。那时候的德国没有 21 世纪全社会提倡的义务教育，能够进入教会学校学习的孩童，往往是来自富裕的家庭；早在德国 16 世纪教育业形成初期，人们没有依靠知识改变命运的思想和潜意识；仅仅将知识、学问视为教养和内涵的体现；仅这一点，和在中国持续二千多年的"科举"想比，学习的意义截然不同。翻开中国上下五千年的史册，封建王朝的长期统治，促使平凡的"庶民"，怀着齐家治国平天下的期待，寒窗苦读，一朝成名天下知。这样的楷模，几乎是中国家庭教育的典范。即便是当下社会，中国的父母也惯用"知识改变命运"的观念塑造子女。

众所周知，德国是著名的哲学故乡，这里诞生了诸多著名的哲学家，而哲学的实用性从何说起？因此许多人，将学习哲学视为贵族的精神，而哲学家，则是精神上的贵族．十年树木，百年树人，在当今德国教育业基本完善的情况下，在基本杜绝文盲的时代里，更多的德国人，则是以就业为导向，学习相关知识。德国法制健全，保险业健全，就业压力较轻，即便是一时袭人的经济危机做背景，也难以在短时间内改变德国人根深蒂固的"放松意识"。德国的家庭教育，区别于中国家庭教育，最重要一点，是中国的家长有望子成龙、望女成凤的强烈期待，这和我们国家人口众多、就业形势欠佳、农村包围城市的国情有直接关联；而德国的家庭教育，相对比较务实。有些德国孩子，对书本知识不太感兴趣，父母则会主动建议孩子选择技术培训或者提前参加工作。

2．教育理念不同

德国教育大纲明文规定：所有学校的教学，须将学生的能力培养与知识传授有效结合。在德国学习，不仅仅是知识的累积，更多则活学活用。德国教师注重学生实践能力的培养，给学生充足的自学时间，提高学生的应用能力。相对而言，德国的教育比中国教育内容要简单易懂，德国乃至欧洲都很注重学生的外语水平，其中包括理科学生。为了丰富学生视野，德国的教科书，尽量更多配备图片，让学生一目了然，达到过目不忘的目的。大部分德国学校，每年会安排组织学生旅游、实践、校际交流，通过活动，加深了解、增进友谊、互相学习，达到活学活用的目的。而我国目前的教育方向有些模糊，同时各家工作单位不断提高应聘要求，致使部分学生对学习产生了茫然态度，2009 年高考，先后出现了个别学生放弃考试的案例．由此说明，我们的教育方式，与德国的教育形式相比，过于"书本化"，学生应试能力强，但是实际操作能力差．学校过度注重升学率，教师和家长双双给予学生太多学习压力，致使学生之间缺少互动，同时实践时间太少。在教育业在中国的实施，通常导致学生知识量大，实用性少，有很多学生走向社会后，所学大部分知识会随着时间的流逝而淡忘。由此可见，中国的教育也更多应该朝着以就业为导向的发展趋势迈进，在杜绝文盲、享受我国义务教育的同时，务实为本。在德国教育的熏陶和影响下，笔者认为中国学生的启蒙教育应多注重培养学生的心性、情操和爱好，而中学教育则应该偏重知识、思想和体育的全面发展，而真正开展专业学习、研究，则应安排在高等教育阶段，因为此时的学生真正理解学习的重要性，有主动学习的意识，能够达到学以致用。

3. 国情不同

由于中德两国所处的地理位置以及生活习俗、风土人情不同，教育难免不受其影响. 较之于中国，德国的人口甚少，国家可以每年拿出足够的资金投入教育，师资的培训提高有充分保障，学校的软件和硬件设施日臻完善，从而形成了教育模式自下而上的良性循环，为国家不断培养着有用之才，为社会的发展发挥着教育部门应有的重要作用。相比之下，我国教育事业面临的困难非常之多，首先是国家给教育的投资有限，远远不能适应教育发展的需要. 作为一个发展中国家，我国建设具有中国特色的社会主义尚处于初级阶段，百业待兴，任重道远。改革开放 30 多年来，尽管国家和政府给予教育事业前所未有的重视和投入，使其有了长足的发展，但由于人口众多，需要接受学业教育的人远远超出了教育部门的接受能力，长时间的超负荷运转使得广大教师不能得到及时的学术休整与培训，学校的软件和硬件设施供不应求，从而使得教育事业的发展难以形成良性循环。

教育体制问题的一个深远而浩大的研究课题，不可能一蹴而就。以上所述仅对中德两国的教育体制表现形式差异及其成因作了简要的对比分析，并不能代表这一研究课题的全貌。其中某些更为宽泛的问题及其深层次原因尚有待于我们今后进一步发掘与研究。

第三节　中国与日本、犹太人之间的差异

一、中日教育区别

教育是决定一个现代国家和民族发展水平的最根本原因之一，这一点相信已经得到了历史的证明。作为国民教育的对比，大概可以分为体制、内容、目的以及对象等几个方面，不同的国家和民族，对其理解和实践都各不相同，因此呈现出的结果也有分别。比如同样被认为是儒家文化圈的中国与日本，在这方面的差别就相当明显。甚至可以说，中国与日本的教育政策、中国人和日本人的教育理念的不同，正是导致两国近现代发展历程迥然不同的重要因素。直接地说，日本之所以总是能比中国先一步实现国力的腾飞，不论是明治时代还是二战之后，其教育优势的作用是不容忽视的。

那么，中日教育的根本区别是什么呢？很简单，中国的教育更具功利主义性质，而日本的教育则更强调人的素质提高。俄国人梅契尼科夫在经过长年客居欧美的生活后，于1874年来日本教授外语，后来写有《回忆明治维新》。他在书中写到，日本的苦力、女佣、马夫等社会底层人民也常常拿着书看，尽管那些小册子多是通俗小说，但这样高的识字率还是令他吃惊。和西方国家的经验相比，他不吝称之为"异常"。类似的观感，其他明治时代来日的外

国人也曾有过。事实上，在此前的 1872 年，日本就开始实施了义务教育制。

同时期的中国是何种状况呢？康有为估计，清末的童生大约为300 万人，加上比此要少的秀才以上士人，则中国受过正规教育的文化阶层在 4 亿以上的总人口中，仍只能占据极少数。中国民众的绝大多数是文盲、半文盲，而日本即使凡夫走卒，也能够识字读书。以此来看，以国民当时的普遍文化水准比较，中国整体上不如日本。

一种观点认为，日本的明治维新之所以成功，是由于"后发优势"，这个"后发"相对中国而言，即日本文化发展水平不如中国，所以能更加轻易摆脱过去的负担。但日本国民总体教育水准的高于中国，无疑是针对上述说法的一个极好质疑。日本的文化水准优势，还体现在"兰学"的盛行。以西方科技文化为内容的兰学，在江户时代也一直蓬勃发展。兰学学者受到社会各界的尊敬，收入也较高。

另一方面，日本学者依田熹家在《日本的近代化：与中国的比较》中提到中国冯桂芬写于 1860 年的《西学议》。冯桂芬称"习于夷者曰通事"，"皆市井桃达游间，不齿乡里……其质鲁，其识浅，其心术又鄙……"依田专家指出，中国的懂得西洋事物者与日本的同类人地位差别非常之大。这也正是魏源的《海国图制》在日本比在中国产生更大的轰动和影响的原因。为何会有如此差距？依田熹家认为，根源是中国有科举制，而日本没有。

科举制的内涵是什么？在于"学而优则仕"，教育和改变自己身份、地位的切身利益追求紧密相连。特别是到了明清两代，八股取士，更是将"学问"与仕途的关联标准化、制度化。这种功利目的极强的心态，是中国教育理念至今依旧存在的重大问题。著名的广告片《知识改变命运》，实际上继续宣传着同样的理念。知识的增长，固然可能带来命运的改变，但带着为了追求命运改变的迫切心情，与静下心来丰富提高自己素养的教育理念对比，前者无疑更容易出现偏差和失败。

北京大学的祝总斌教授在《论八股文取士制不容忽视的一个历史作用》一文中，称道八股取士因降低了学问门槛（只要掌握《四书》为主的八股文写作），对于士人的数目从宋元的数十万人提高到明清的几百万人功不可没，因此中国的知识分子人数增加了，"文明程度得到相当大的提高，推动着历史的进展"。这是个似是而非的荒谬观点。前面已经提到了日本明治时代普及义务教育和中国八股取士的不同，八股取士人数纵然增长，仍然是一种精英意味十足的少数人教育，远远不如普及性地提升民众整体文化水准。而士人人数的增长，和今天的大学扩招属于同等性质，仅有人数的增长，质量却出现下降。八股降低了门槛，但也培养出了众多范进式的"知识分子"。与日本相比，八股取士并没有带来一大批如大久保利通、木户孝允、西乡隆盛、伊藤博文这样的人物。

祝在文中写到清代侍郎彭玉麟的故事。彭家务农，但全家辛苦劳动，甚至雇人来代替他耕地，勉强供他读书，只为了要他考中秀才，"为宗族光宠"。祝文以为此例子说明了八股文"推动平民子弟读书应试，提高其文化素质"，但忽略了彭玉麟读书的前提是整个宗族，包括"伯叔父及诸昆弟"不得不放弃读书的权利。这种期望一个人应试及第来光宗耀祖、改变命运的做法，是功利主义教育理念的最好体现。

科举的最大特点，是通过教育，能够实现平民到仕宦阶层的飞跃，不管出身如何贫寒，只要考试过关，就可以博得"功名"。因此，科举在客观上缓和了社会内部的阶层矛盾，有助于大一统国家的政权稳定。这一点，已有很多学者专门论述。但仍有必要指出，祝文所说的八股取士带来"文明程度提高"和"历史进步"论点荒唐。明清是中国传统文明发展的下坡路阶段，八股取士是政府为了缓解社会内部越来越大的压力的重要手段，扩大人数的原因也在于此，正如今日之大学扩招，其目的并非在于兴办教育，只是为了拉动GDP增长。但是，科举的最大弊端，就在于将教育彻底功利化，使之更像是一种以回报率高低评价得失的投资。在旧话本小说中，表达类似观念的"格言"很多，最典型的，莫过于"学成文武艺，卖与帝王家"。

日本的情形则完全不同。日本在明治维新以前的社会，一直采用着世袭和血统制，社会阶层分隔明显，也没有科举这样的制度能够将其打破。然而，在江户时代，幕府为缓解社会矛盾，鼓励并支持社会各界钻研学问的风尚，对文化的普及起到了重大的推动作用。农民也好，商人也好，下级武士也好，每个人都可以追求自己喜爱的知识，但即使掌握了知识，其身份也不可能改变。知识的唯一好处就是提高自己的能力，这可以说是日本人教育理念的核心。

从表面上看来，超越阶层隔阂的科举制似乎比日本的血统世袭制更加文明、科学，但判断一项历史制度的利弊，必须要把它和当时的现实环境结合起来分析。科举制度在唐宋和在明清的意义截然不同。八股取士确实具有合理性，却是维持一个文明苟延残喘的合理性，从文明需要新生的角度讲就成了不合理。日本的血统和世袭制不合理，激起下层社会的反弹变为变革的动力，就成了合理。

日本的教育理念缺少中国过于强烈的功利色彩，却在某种程度上更加接近儒家的原本思想。比如说孔子的"有教无类"，其真正内涵应该只是强调教育的普及性。不因受教育者的身份地位差异而有别，并没有从中选拔的意思。中国过去的教育制度虽然看起来是"无类"，贫民也有中举当官的机会，可这个"出人头地"的结果正好是对"无类"的破坏。至于今天的中国教育，则连表面上的有教无类也难以做到了。

前面提及的日本的阶层分隔，使得社会各阶层学习知识也都以本阶层实用、常用的优先。农民自然关注农学，商人则琢磨促进商品的销量，工匠揣摩技术改良……中国的《天工开物》、《农政全书》等作品都曾在日本备受重视。这个优良传统至今在日本仍然得到了保持，特别是那些人数庞大的毕业于专业学校、甚至依靠自学的熟练技工，成为日本国力两次腾飞的最核心动力。而中国方面，科举的功利性质使得民众产生狭隘的心态，只把应试的知识当作学问，别的则不受重视，甚至把"没用"的学术就不当作学术。特别是八股取士，更是将士人的精力限制于有限的典籍之中，虽皓首穷经却脱离实际。今天，中国应试教育尤其发展到了畸形的地步，其"重点学校"制度赤裸裸体现出"为了中举的选拔"（依田熹家语）的明确目的，由此产生了"对不优秀者没必要进行充分教育"的错误后果。

在学习的目的上，依田熹家听到很多日本农民说，教育"对于提高常识是必要的"，这点和中国人"从单纯的日常需要出发"大不相同。在没有功利目的的前提下，教育更多的是为了提高个人修养和综合素质。外语教育在中日两国的状况最能够说明问题。中国的外语教育是和应试、升级、评定职称等一系列功利目的相连的，有些时候竟然到了不可理喻的地步。日本则更注重外语教育对于个人素质的裨益，虽然也有一些资格考试，但仅限于有必要的相关人士。最值得深思的例子，是日本的业余外语学校 NOVA 和中国的"同行"新东方。后者把应试型外语教育达到了登峰造极的程度，而前者的学员是社会各界对某种外语感兴趣的男女老少；后者的终极梦想是能够轻松应对外国的偏狭的语言测试，拿到出国通行证和全额奖学金，前者的宣传材料上却写着，最高目标仅仅是"不用字幕看懂外国电影"。然而，NOVA 是东证大型上市企业，2003 年外语教育产业营业额达到 615 亿日元，整个日本的业余外语教育产业营业额竟达 1233 亿日元。这个数字清楚表明了日本人对素质教育的持久热情。目前，日本正在进行的是推进"终身教育"。在老龄化的趋势下，以退休老人为教育对象的各种产业前景看好。退休老人的学习热情. 当然没有什么选拔和目的，但这种素质教育的完善，足以令中国人汗颜。

一种功利当先的教育理念，一种素养至上的教育理念，其分歧表现林林总总，每一种都恰好是中国的弱点和日本的长处。中国人有必要向日本学习，首先应学习的就是教育。

二、犹太民族的教育模式对中国教育改革的启示

卢梭在《爱弥尔》中说："我们在出生的时候所没有的东西，

我们在长大的时候所需要的东西，全都要由教育赐给我们"。犹太民族历经苦难而历久弥坚源于犹太民族对教育的高度重视，以及其独到的教育理念，脱俗的教育实践模式。中国自古以来就重视教育，孔子就提出过"因材施教"、"有教无类"、"不愤不启，不悱不发，举一隅不以三隅反"等教育思想，这些优秀的教育思想没有得到很好的继承。当今世界多极化、经济全球化深入发展，科技进步日新月异，人才竞争日趋激烈，观照我国教育模式，教育改革势在必行。本文拟分析犹太民族的教育模式，认为教育模式改革既要注重传统教育的"闭合性"，又要注重教育内容的"开放性"，做到"中西并举"；家庭、学校配合开展个性化教育；注重学生独立思考能力的培养；重视学生实际能力，特别是职业技能的训练等启示，以期为我国教育改革提供借鉴。

（一）犹太民族的教育模式分析

1．传统教育的"闭合性"

犹太民族为了维护其文化传统，使其不被其他民族文化所同化，他们保持了以《圣经》和《塔木德》等为主线的民族传统经典教育。结合犹太民族的教育历史，我们不难发现犹太民族以宗教为核心的传统教育始终是犹太教育的基本核心，这种倾向在古代和中世纪表现尤其突出。近代建国以后，犹太民族接受了现代化教育，但宗教文化教育依然拥有重要的作用，教学基本内容也仍然是犹太教经典。在当今以色列，教育当局特别强调继承犹太传统民族文化，并认为希伯来文化是犹太民族之根，是连接过去、现在和未来的纽带。传统教育的"闭和性"，保持了其民族精神，使犹太民族具有极强的凝聚力和向心力，使其在全球化和信息化的当代社会能够很好地保有其民族特色。

　　2. 教育内容的"开放性"

　　犹太人重视传统教育，但教育的内容具有"开放性"，宗教之外的学科也受到了重视，包括天文学、音乐、律法、医学、经商等。犹太人非常重视律法教育。小孩从小就要学习律法，目的是培养孩子对上帝的敬畏之心，而且也进行伦理道德教育、民法及卫生教育，让孩子从小就接触各方面的知识教育。相对于其他民族，犹太民族特别规定每个希伯来小孩都必须学习经商技巧，接受经商训练。近代以来，随着解放时代的出现以及欧洲社会对犹太人限制的减弱，犹太教育掀起了涉足世俗学科的高潮。语言、数学、物理及其他学科纷纷开设，宗教课程与世俗课程相结合的犹太学校首先在西欧建立。

　　3. 注重学生阅读习惯与独立思考能力的培养

　　首先，犹太人注意培养学生的阅读习惯。在犹太家庭里，当小孩稍微懂事时，母亲就会翻开《圣经》，滴一滴蜂蜜在上面，然后叫小孩去添书上的蜂蜜，培养孩子阅读的习惯。其次，犹太人还注重培养学生独立思考的能力。许多犹太人父母在孩子放学后，第一句话就会问"今天，你提问了吗？"提问成了犹太人家庭教育的核心内容之一。在课堂教育方面，犹太人的课堂教育也注重培养学生的独立思考的能力。犹太人采用"对话法"进行教育，他们强调，不要把孩子当成被教育对象，而是当作成人，具有同等人格的谈话对象。

　　4. 重视职业技能教育

　　犹太人认为，那些既学到了智慧并能维持生计的人，才算是选择了人生的正道。在这一传统观念影响下，自古犹太人就极为强调要掌握一门技艺，要求儿童无论贫富贵贱、等级高低，到成年时都必须掌握一门手艺。父亲有责任对子女进行职业教育，手艺往往在家族中世代承袭。犹太人这种重视技艺的教育使儿童从小就接受职业训练，培养其求生的能力，成人之后易于从社会中寻得自己的地位。这也是犹太民族在受排斥、歧视、驱逐甚至屠杀等恶劣环境下顽强生存下来的原因所在。

（二）对比下我国教育模式现状分析

1. 应试教育培养模式，学生"死记硬背"教科书，学校忽视对学生职业技能的培养

我国的教育模式，侧重于知识的灌输，对学生的能力培养不够重视。为了提高升学率，学校一味地灌输书本知识，学生为了升学，"死记硬背"规定的考试内容，素质教育成了一句空话。如今社会竞争激烈，光有知识没有能力的人终究会被淘汰，学校在进行知识教育的同时，应加强能力教育，特别是职业技能教育。目前的应试教育模式，学生从步入学校到大学高等教育结束，几乎没有经历任何职业技能训练。

2. 缺乏个性化教育

孔子在两千多年前就已经提出"因材施教"的教育思想。朱熹集注引宋程颐曰："子游能养而或失于敬，子夏能直义而或少温润之色，各因其材之高下与其所失而告之，故不同也"。反思我国的教育模式，长期以来，我国教育实施群体化教育模式，从小学到大学，我们往往遵从规训教育——"一种控制人们心智、要求人们必须服从的机制"。在这种教育模式中，在校内，学生整齐划一、事

事听命、统一行动；在校外，为了达到一定成绩，不得不参加各种培训班等所谓的"影子教育"，这进一步挤占了儿童挖掘和开发其天性和兴趣的时间，抹杀了孩子的个性，剥夺了孩子的自由。

3. 对人文教育不够重视

所谓人文教育，是指对受教育者所进行的旨在促进其人性境界提升、理想人格塑造以及个人与社会价值实现的教育，其实质是人性教育，其核心是培养人文精神。由于教育的功利主义目的，文、史类教材也大多由教育部统一印制，学生的知识面也仅限于教科书，没有进行广泛的课外阅读。教育的重要本质特征就是它的人文性，人文教育在教育中具有重要的基础性地位。甘阳认为："20 世纪中国普遍的彻底的反传统心态，特别是这种反传统心态在中国教育，尤其是高等教育中的制度性体现，乃从根本上造成了我们今天普遍感到的文化底气不足，这也正是今天中国极端缺乏精英的根本原因"。由此可见，对人文教育的不重视，是我国教育不出人才的重要原因。

（三）犹太民族的教育模式对中国教育改革的启示

1. 采取"闭合性"的传统教育、人文教育

传统教育是一个民族区别于其他民族的标记，对于传统的弘扬，可以避免被其他民族文化所同化，失去其民族的凝聚力和向心力。犹太人重视传统教育的"闭合性"，正是这种教育对延续民族文化、弘扬民族精神起了不可低估的作用。余英时说："现代化必然是传统的现代化，离开了传统这一主题，现代化无所附依，根本就谈不上什么现代化"。因此，教育的现代化也必然是在传统的基础上的现代化。因而，应该把传统教育，特别是经典教育渗透于教

育教学的各个环节，加强经典读物的阅读，吸收传统教育的精华，规避应试教育的局限性。

2．注重教育内容的"开放性"，做到"中西并举"

犹太人注重传统教育的"闭合性"，同时也注重教育内容的"开放性"。我国教育应该采取闭合性的传统教育，但也不能"独尊中学"而排斥西方文化的方式来做。事实上，西方文化随时随地都在影响着我们的师生，独尊中学而排斥西学只能让人反感。真正重要的是，我们应该深入了解西方文化，才有可能不为西方最表层的东西牵着鼻子走，自目地"崇洋媚外"。我们的教育既要开设以传统为主的经典教育课程，也要开设与西方文化与历史相关的课程，让学生在了解中西文化的基础上，理性地看待中国文化和西方文化，既不盲目排外，也能认识到传统文化的价值，形成"中西并举"教育模式。

3．家庭、学校配合开展个性化教育

中国的课堂教育与家庭教育的配合不够，教育孩子的任务主要交给了学校。教育的配合是非常重要的，个性化教育也需要家庭的配合。家长自身应该学习教育学相关内容，树立正确的教育观念，掌握科学的教育方法，尊重子女的健康情趣，在家庭里形成良好宽松的成长氛围，依据小孩子的兴趣和爱好进行引导教育，进一步挖掘其天性和才能。同时，家长应该加强与学校的沟通配合，尊重孩子的兴趣，双方依据孩子的个性进行有针对性的培养。

4．要特别重视学生独立思考能力的培养

犹太人非常注重学生独立思考能力的培养，认为独立思考和阅读经典一样重要。孔子在总结自己教学经验时提出了"不愤不启，不啡不发"的要求。卢梭在《爱弥儿》一书中发出呐喊:"问题不在于告诉他一个真理,而在于教他怎样去发现真理"。传统的教学方法是老师"高高在上,滔滔不绝"和学生"规规矩矩,一声不吭",这样的教育模式怎么能够培养人才?所以,我们在教育教学上要求教师充分了解学生的个性,充分调动学生的学习热情,引导学生学习,不断激励和培养其独立思考能力。

5. 重视学生的实际能力,特别是职业技能的训练

犹太人的教育注重知识的积累,也特别注重职业技能的培养。中国的教育模式注重知识教育,对学生能力培养不够,重学历轻技艺,重分数轻能力,职业教育发展没有得到社会的实际重视,对职业技能的训练过少,导致学生毕业后短期内难以在社会中寻得自己的位置。高等学校教育的任务除了向学生传授知识外,其主要职责还是为了帮助学生提高和具备好的素质和能力,为学生走进社会和走入职场打下良好的基础。要扭转现状,教育模式要改变目前社会对技能教育的不重视态度,加强对学生实际能力,特别是职业技能的训练。

探究性学习能力的N个法则

TANJIUXING
XUEXINENGLIDE N GEFAZE

下

赵建阳◎编著

中国出版集团
现代出版社

图书在版编目(CIP)数据

探究性学习能力的 N 个法则(下)／赵建阳编著. —北京：现代出版社，2014.1

ISBN 978-7-5143-2160-9

Ⅰ.①探…　Ⅱ.①赵…　Ⅲ.①学习能力－能力培养－青年读物②学习能力－能力培养－少年读物　Ⅳ.①G442－49

中国版本图书馆 CIP 数据核字(2014)第 008750 号

作　　者	赵建阳
责任编辑	王敬一
出版发行	现代出版社
通讯地址	北京市安定门外安华里 504 号
邮政编码	100011
电　　话	010－64267325 64245264(传真)
网　　址	www.1980xd.com
电子邮箱	xiandai@cnpitc.com.cn
印　　刷	唐山富达印务有限公司
开　　本	710mm×1000mm　1/16
印　　张	16
版　　次	2014 年 1 月第 1 版　2023 年 5 月第 3 次印刷
书　　号	ISBN 978-7-5143-2160-9
定　　价	76.00 元(上下册)

目 录

第五章 中西方教育对比（下）

第六章 学科教学中探究性学习问题分析

第七章 探究性学习中的师生关系

第八章 转变角色融入探究

第九章 教学中开展探究性学习实践探索

第十章 从教学中开展探究式教学策略

第十一章 依托网络培养学生探究性能力

第五章　中西方教育对比（下）

第四节　探究性改革误区

基础教育改革，作为当今世界各国提高本国综合国力、加强国际竞争力的国家战略，已提升到了前所未有的高度。中国更是视基础教育改革为各项教育改革中的重中之重，把基础教育改革作为一项对社会主义现代化建设具有全局性、基础性和先导性作用的事业来抓。我国的基础教育改革到底应该改什么，为什么改，怎样改，对于整个国家，乃至整个社会来说，都具有"牵一发而动全局"的重要作用。为此，在改革之前做出深思熟虑的设计，形成深刻的理性自觉，才能以最小的代价换取尽可能大的改革成效。

一、基础教育改革的现实误区

进入 20 世纪末，中国的基础教育掀起了一场轰轰烈烈的改革热潮，至今方兴未艾。改革是一个不断的探索过程。既是探索，就需要在改革的过程中针对出现的问题和困惑不断反思，使改革逐步逼近理想的目标。

1. 改革即"合法"

中国基础教育中存在着的不足和问题，是改革的所在和矛头所指。但是，不是所有的改革都能够对中国传统教育中的不足予以本质的确认。澄清问题到底在哪里，是根本方向性错误，还是操作不当；是现象性结果，还是本质性问题；哪些需要抛弃，哪些需要保留，改革前乃至改革中都必须搞清。把问题停留在表面现象，不能形成正确的教育改革，更不能产生自觉的改革理论的指导。

第一，为了改革而改革。

改革中的"形式主义"、"跟风行动"就是"为改革而改革"的表现。在没有弄清楚自身存在的问题时，就盲目地进行改革。表现为，看到别的国家或地区在某方面推行了一项改革，就马上在我们的教育中搞个新名堂；看到别人推出了新项目，就马上跟着改；新官上任三把火，下车伊始先来一通改。为求政绩要改，为求名利要改，为求升迁也要改。这些不计后果的改革，不是为了解决问题，不是出于教育发展的内在需要，而是因为别人都在改革，所以我们也要改革。这种形式化的改革不仅无助于教育的进步，而且会破坏教育的正常秩序。

第二，逆教育规律而改革。

改革就是有理的？一举改革的旗帜，真理就在手中？事实上，很多人正是以这样的观念在实施着基础教育改革，出现了打着改革之名而随意践踏教育规律的现象。近年来，在一些人看来，教育没什么客观规律可言，改革没什么规律可循。于是，借着创新的改革旗号，一方面，各种似是而非的观点大行其道，各种臆断空想充塞学术殿堂，创造着虚假的学术繁荣景象；另一方面，在一些改革实践中，真正的科学知识和科学规律被抛在脑后，严谨求实的科学作风在日益萎缩，科学的力量逐步被赶出了改革的地盘。其结果是，一些基础教育工作者改革思想混乱，丧失基本的专业共识，常常处在进退维谷的尴尬境地。这些现象，我们称之为反科学的、不尊重教育规律的改革。

改革即合理，即进步，这是许多伴随着改革成长起来的一代人的信念。当前必须认真分析基础教育改革中的不足，弄清科学的改革哲学，从而把真正的改革和假冒伪劣的"改革"区分开来。

2. 改革即"推倒一切重来"

（1）重了"能力"，就要抛弃"知识"，"知识现在已经不那么重要了"。知识和能力是相辅相成的关系，知识是能力的基础，能力是知识的表现。将某些知识学透，强调知识训练不能说是坏事。而且事实也表明，没有足够的知识积累，就不能进行创造。创造源于先验的知识背景，而足够的知识积累是创造的基础和前提条件。对于一个正处在积累知识过程中的青少年来说，减少或终止知识积累就如同终止了他们成长的营养。应该是先营养后创造。停止或减少了必要的营养还能创造吗？只要创造不要营养的哲学完全是一种反逻辑的混乱哲学。

（2）重视学生的主动性，就要变教师一言堂为"学生一言堂"，"宁可让课堂乱了，也不要课堂死了"，现在的教育改革正有这样的发展趋势。在这个问题上，王策三先生早在1985年出版的《教学论稿》中就有深刻的论述："教学的方向、内容、方法、进程、结果和质量等，都主要由教师决定和负责；学生决定不了，也负不了这个责任。教师之所以起主导作用，是因为教师受社会、国家和党的委托，'闻道'在先，而且受过专门的教育训练，教和学的方向、内容、方法、进程等他都已掌握；而学生尚未'闻道'，特别是中小学生，正在发展成长时期，知识和经验还不丰富，智力和体力还不成熟，他们不可能掌握教学方向、内容、方法等。"改革要发挥学生的主动性、积极性，并不等于教师就要从此"消亡"，教师的作用任何时候都是不能够淡化的。

还有，重视学生的"实践操作"，就要丢弃课本教材，都去"活动"，都去"研究"。所有这些"非此即彼"的做法，让我们不得不去思考，传统教育弊端的形成是因为传统教育注重"知识、课本、教师"所导致的，还是因为我们在教与学的过程中，所采取的方法和形式不当？轻易地将注重"知识、课本、教师"与传统教育的弊端画上等号，是不是一种科学的改革态度？是不是泼脏水把孩子也一起泼出去了？改革不是换上与此相反的另一套极端的方法，推倒一切重来。

3．改革即"推广普及、一刀切"

在实际的教育改革指导中，言必称大，或国际、或国家，照搬照抄其他国家和地区改革的做法，不思校情、区情和国情地套用他人基础教育改革的形式，屡见不鲜。事实上，在基本的改革理念指引下，改革的实现形式必然是多种多样的，改革并不是以一种模式代替另一种模式。

改革的目的不是为了推广，而是为了质量和效益。而当前的改革是否成功，仿佛衡量的标准就是推广的范围有多大。实际上，由于我国特殊的国情，基础教育所处的改革环境，包括东部和西部，沿海和内陆，乡村和城市等等的不同，是不能够用统一的规范来要求，也不能采取单一的改革范式的。

基础教育改革的新理念在多大程度上适合哪种类型的地区和学校，需要认真考虑各方利益来综合权衡，不能不顾历史发展的经验教训，单从改革者的主观意愿出发，从强势利益出发，随心所欲地制定改革措施和推行改革。

二、基础教育改革的理性诉求

国家基础教育改革关系着国家未来，关系着中国未来在国际社会中的竞争力，关系着千千万万人民群众的根本利益。因此，这决非小事，决非教育改革自身的问题，决非一校一课的问题。国家层面的改革既是如此重要，就必须务求成功。而要获得成功，就必须恪守、遵循教育发展的客观规律，必须正视中国基础教育的发展现实，必须坚持继承中的创新与扬弃中的突破。这是保证基础教育改革获得成功的基本定律。

（一）基础教育改革必须遵循教育发展的客观规律

人间万物，皆有规律，教育亦然。不承认或忽视教育规律的存在和作用而强为是主观唯心主义的盲目行动，不研究、不学习，靠经验自以为是而强为是经验主义的强权行动，这两种思维和行为方式都是基础教育改革中应力戒避免，也是万万要不得的。

什么是规律？伟大的革命导师列宁说："规律就是关系。……本质的关系或本质之间的关系"。据此推之，教育规律就是教育活动与其他社会活动或教育活动内部各个构成要素之间本质的、内在的、必然的联系或关系。所谓遵循规律，就是要处理好这些联系或关系；

违背规律，就是忽视这些联系或关系的存在而从一个极端走向另一个极端。

　　教育的基本规律有两条：一是必须遵循和处理好教育发展与社会发展之间的联系或关系，二是必须遵循和处理好教育与人的身心发展之间的联系或关系。落实到基础教育上来，处理好教育与社会发展之间的关系，就是要求基础教育发展既要适应我国社会主义现代化建设对其结构、质量、规模、效益等的要求，又要根据我国社会主义现代化建设发展的要求不断地作出的调整和改革。所以，基础教育与时俱进地不断进行改革是必需也是必要的。问题是，这种改革必须有利于国家发展的长远需要，有利于人民群众投资教育的根本利益，有利于每一个受教育者良好发展的价值目标。处理好教育与人的身心发展关系的基本落脚点是使受教育者的身心获得良好的发展。在基础教育领域中，要保证实现这一目标，就必须处理好如下的一些关系，或遵循这些具体的教育规律。教育改革如能处理好这些关系，就能推动教育的发展，使教育改革获得成功；忽视这些关系的存在，甚至悖逆这些关系硬行改革，不仅要给国家、给人民、给受教育者带来严重的后果和无法挽回的损害，而且会使中国的基础教育倒退，倒退到国际社会不承认我们学历的尴尬年代。我们曾因百姓呼唤"救救孩子"而改革了"应试"教育，实施了素质教育，这是一个历史进步。但未必需要事事矫枉过正，非要把基础教育再往前推到不要知识、不要教师的境地里去才叫彻底的改革。如若必须这样走下去，可能会逼迫老百姓发出"再救救孩子"的呼唤了。这些关系或教育的基本规律是：

　　第一，在学校教学、科研、思教、管理等各项学校工作的关系上，必须坚定不移地坚持以教学为主。学校工作必须以教学为主的实践表达就是要求我们必须认真弄清彼此的主次、主辅关系，不能认识上倡导以教学为主，实践上却是喧宾夺主。目前，虽没有人理论上公开反对以教学为主，但实践上为了倡导探究性学习和综合实践活动，打破严格的教学秩序的节奏，削弱教师的主导作用，教学要为学校中各种花样翻新的活动让路的现象已经出现，这种现象如果普及开来、持续下去将是非常危险的。无数的历史经验已反复地证明，只有坚持以教学为主，才可以提高人才培养质量。这个浅显的道理，无需赘述。

第二，在课堂教学、课外活动、综合实践、社会实践、咨询与辅导等多种教育途径的关系上，必须坚定不移地坚持以课堂教学为主。自 1632 年捷克教育家夸美纽斯在《大教学论》中论述了课堂教学以来的 300 多年里，课堂教学已经成为世界所有国家各类教育采取的普遍途径。课堂教学何以有如此的魅力让世界的各类学校归一于此？原因在于课堂教学所具有的高效率、高质量传授人类文化精华的独到功能。教育是人的生成活动，同时，教育也是一种人类文化的传承活动。远古时代结成的社会群体，就产生了传递经验和互相学习劳动技能的形式。马克思把人类的这一行为上升到人类生产的高度。认为，人类自身的再生产要得以实现，离不开人类创造和积累的经验在代与代之间的有意识传递。这种传递进展到学校教育阶段就发展成了全新的课堂教学形式。现今流行的综合实践活动不失为弥补课堂教学缺欠的一种补充形式，但必须认真界定综合实践活动在各类教育途径中的合适位置，明确它应该在什么时间，以什么方式方法来进行，绝不可用综合实践活动代替课堂教学。不能代替是因为综合实践活动本身并不具有课堂教学的独特功能，如非要代替，只能造成学生知识质量的严重下降。

第三，在课堂教学所传授的间接经验与直接经验的关系上，必须坚定不移地坚持以间接经验为主。课堂教学作为一种特定的知识获得活动，学生的直接经验对于更好地理解间接经验是必要的。但学生毕竟在校时间有限，事实上我们也不可能或不必要让学生事事从直接经验做起。如果这样来学习人类悠悠五千年文明的精华，学生就需要从人类认识的原点开始，历经五千年的漫长探索才能达到今日认识的最高水平。这可能吗？既不可能为什么还硬要中小学生们学习每一个知识点都从探索开始？让学生的学习从探索开始，这不是聪明的创新之举，而是一种愚蠢的行为。伟大的牛顿教导我们要善于"站在巨人的肩膀上"，学生的学习从间接经验开始就是借助人类认识的阶梯，在最短的时间内获取大量知识的唯一捷径。舍此之外，没有任何一种其他的方式可以让学生在二十五六年的最短时间内，使每一个个体的认识达到人类认识的顶点。

第四，对间接经验的获得通常采取接受性学习和发现性学习两种基本方式。对中小学生而言，在接受性学习和发现性学习的关系上，必须坚定不移地坚持以传授或接受性学习为主。无论接受还是发现，都是两种不同的教学方式和学习方式，两者各有自己的作用和优点，片面强调其中任何一方都是不对的。但相对于一个正在累加其知识技能的中小学生来说，接受性学习对他们更重要。教育关涉人生命的成长。人生命的成长，既有精神、情感的成长，也有理智、理性的成长；有个性的张扬，也有共性的发展；有人生价值的观照，也有科学知识传授的需要；有自由生长的渴望，也有被规约、被给定的本性。人就是这样一个受动性与能动性、依赖性与自主性、继承性与创造性的统一体，人的生成就是在这样一个确定性与不确定性中完成的。而且，笔者认为，基础教育阶段，青少年的身心特点决定了此时的"人"是一个受动性大于能动性，依赖性大于自主性，继承性大于创造性的个体。正像人的新陈代谢活动一样，在儿童青少年正在长身体的时期，他们新陈代谢过程的总趋势是，同化大于异化，吸收大于分解。人的身心发展亦同理，在青少年阶段的基础教育中，要以吸收、继承为主，如果没有继承和接受作为基础、原材料，何谈主动性的发挥？何谈创造性的生成？如果没有在吸收间接经验基础上的经验重组，学生的自身思想、自身特点从何而来？又从何谈起按照学生的自身思想、自身特点来思考问题？接受性学习所以重要，是因为它有教师的主导作用，有教师对内容的选择、加工，有对传道、授业、解惑过程的设计，这就可以大大提高学习效率和质量，保证个体"吃"得更好，"长"得更快。形象地说，接受性学习是雪中送炭的问题，发现性学习是锦上添花的问题。

　　第五，在间接知识的传授中，要处理好一与三、类与旁的关系，坚定不移地坚持以"双基"为主，即以"一"和"类"为主。间接知识纷繁复杂，有一般、基本的与具体、特殊的之分。作为间接经验主件的知识经历了原始知识、现代知识、后现代知识的演变过程。与前类知识观相比，后现代知识观改变的不是作为实体的知识本身，而是对知识的看法和思考方式。正像多尔所说的那样：在后现代课程观里，唯一改变的只是我们的解释框架由原来的封闭性体系变成了开放性体系，即由原来的以间接知识、理性知识至上为原则的那样一个封闭性体系，变成了一个仍然注重间接知识、可以选择直接知识或者间接知识的开放性体系。后现代主义冲击的是我们固有的封闭、僵化的思维框架，它没有改变任何实体性物质。

中国话语中的基础知识、基本技能是人类经历反复筛选和淘汰之后留下的含有真理颗粒的间接知识，是间接知识中的"一"和"类"，它们具有着举一反三、闻一知十、触类旁通的功能。间接知识的传授时间有限，内容繁多，只有传授"一"和"类"的内容，传授"学科的基本结构"，才有可能增强知识的价值，使学生在有限时间获得的有限知识具有"更加广泛的社会适应性"

必须郑重指出，如上强调的五个为主，不是五个唯一。讲为主，是为了说清楚彼此的地位。它们的为主地位不是我们定的，而是事物内在规定性赋予的。摆正了为主的地位才是规律，否则就不是规律，这来不得半点含糊。但讲为主，绝不意味着次要的可以不要。恰恰相反，有次才有主。主次之间是相辅相成的关系。违背规律的致命做法恰恰就是留其一点，不计其余，从一个极端到另一个极端。遵循规律的做法则强调主次分明，和谐共生，彼此有限有度。

（二）基础教育改革必须正视中国的现实国情

呼唤教育改革必须观照中国的现实国情，有三个方面的原因。

第一，吸收国外的先进理论必须择优录取。在学习西方的问题上，我们必须坚持从中国国情出发。不能食洋不化，生搬硬套。中国是个开放社会，中华民族是个胸怀宽广、海纳百川的民族。改革开放以来，中国把自己融入世界，虚心学习和借鉴世界各国先进的教育理论与成功的教育实践，推动了中国教育的发展和国际化进程。

但任何一个负责任的教育家都会认为，中国对国外教育理论的吸收借鉴从来都应是一个漫长的过程，是一个研究消化的过程，是一个取其精华的过程，而不要简单的"拿来主义"，不要东施效颦，邯郸学步，在人们的脑中种植"外国的东西就是好，外来的东西就比咱们先进"的意识。其实，许多外国的教育理论在他（她）自己的国家里，既不是作为该国教育改革的指导思想或理念提出来的，也从未成为一个国家的教育实践，而仅仅是一个教育理论家基于理论研究的兴趣而形成的一个理论创新而已。但他们万万没有想到，他们的理论会在中国开花结果，甚至成了中国基础教育改革的理念。世界的教育有些方面是相通的，但同时又必然是相异的。即使是在中国近地，尚有南桔北枳，更何况不同的国家之间怎么会有普照全球、放之四海而皆准的真理？中国的基础教育有自己的民族根基、民族特点和固有的发展要素。用国外几个人开的"药"治全中国基础教育的"病"，这是当下教改领域中滋生出的一种新的不良风气。这种不良风气的误导，使很多人淡忘了择优和消化，淡忘了批判与创造，淡忘了有价值的本土精华。尽管我们现在不大提媚外与自大这两个敏感的词语，但实际上，导致我们有时发生偏失的根本因素，还是深藏于内心的研究行为和目的的"不端正"。

第二，中国基础教育改革必须立足本土。越是民族的，就越是世界的。当前世界各国基础教育改革的成功经验给我们的启示是，基础教育改革一定要为一定社会和国家的政治、经济服务，走符合国情的发展道路。不要总是强调外国的月亮圆，发达国家的东西就一定是好。意大利的幼教就是因为蒙台梭利以来的近百年时间里坚持自己的民族和文化特色，才有了今天让美国人折服的成就；而德国的职业教育也正是在继承挖掘本民族特点的基础上得以发展，最终得到世人的赞许；同样，中国基础教育的特色，也是世界公认的，著名的诺贝尔奖获得者美籍华人杨振宁就是在中国读完了小学、中学、大学一直到硕士研究生之后，到美国攻读的博士学位。谈到中国的基础教育，他多次深有感慨地说，他的成就得益于中国系统的基础教育和在西南联大读书时形成的扎实根基，并多次强调，中国的基础理论水平不比美国人差，甚至要多出很多。因此，即使在基础教育改革呼唤教育新观念的今天，扎实的学科专业基础依然是我国学生的一大优势。我们不能脱离中国的现实而盲目地谈理想化的教育，相反，必须从民族传统的根基出发去构建新世纪基础教育发展的蓝图。否则，没有了中国特色，中国的教育也就没有了世界性，没有了竞争力。

第三，要保持一元与多元的必要张力。中国地域广大、差别巨大。仅就中国社会当前的基本国情而言，就面临着多元经济与文化价值的冲突，表现为现代市场经济与传统农业经济、主导性文化与非主导性文化、沿海和内陆、城市和乡村、东部发达与西部贫困地区等等方面的差异。基础教育要适应不同地区和学生发展的需求，就必须根据这些差异和不同区域的文化发展程度，进行符合当地需要的教育体制、教育结构、中小学课程等等的改革。如现今推行的新课改，就有必要坚持实行国家、地方、学校三级课程管理政策，以保障和促进课程对不同地区、学校和学生的需求；实行国家基本要求指导下的教材多样化政策等等。不能运用一刀切改革方案，将其推而广之到所有的试验区，推广到差别巨大的所有中小学。基础教育改革要取得成功，就必须切实考虑中国的国情和教育实际，实事求是，因地制宜，分类指导。

（三）基础教育改革要坚持继承中的创新和扬弃中的突破

教育传统是一个社会的文化遗产，是人类过去所创造的教育价值观、教育制度和教育活动方式等的表征；它使代与代之间、一个历史阶段与另一个历史阶段之间保持了某种连续性和同一性，构成了一个社会创造与再创造自己的教育密码，并且给教育发展带来了秩序和意义。教育传统不仅与当下社会生活相互交融，而且制约着、有形或无形地左右着未来的社会发展。

教育传统具有其历史存在的合理性。在这种传统中，凝聚了人们进行教育行为与教育活动的丰富的经验，这些世代相继的教育经验，经受了社会历史时间的长久考验，内部蕴藏的丰富的教育规则和教育智慧，不是杂乱无章的偶然选择和堆积，而是有着深厚的历史根基。其中有些存续下来，并经时间证明了其存在的价值性乃至优越性，因而具有历史合理性。所以，教育创新总是无法摆脱与过去的联系，也不可能与过去的历史完全断裂。改革绝对不是对"传统教育的简单否定、推倒重来、另起炉灶"，绝对不是"把旧房子完全推倒，把地基清除干净，在空地上盖起新房子"那么简单和截然，改革是在原有基础上的改良、革新。德国哲学家狄尔泰曾说："我们这一代，要比以往受到更大的推动去试着探索生活的神秘面孔，这面孔嘴角上堆满了笑容，但双眼却是忧伤的。是的，允许我们努力奔向光明、奔向自由和美；然而却不是抛弃过去，完全去标新立异。我们必须带着旧神去进入每一户新居。中国的教育改革强调在继承中创新，一方面是说中国的教育拥有值得继承的丰厚资产，另一方面也强调我们不能因此固步自封，同样要在批判的基础上，与时俱进地去创造新的时代的教育理论和实践。中国古代孔子的"因材施教"与加德纳的多元智能，"举一反三，触类旁通"与布鲁纳的"学科基本结构"，《学记》里的"导而弗牵，强而弗抑，开而弗达"与布鲁纳的"发现法"等为人津津乐道的外国教育理论相比早了几千年，这些教育理论的精华今天依然具有继承和实践的价值。中国古代的儒学主要是伦理道德教育，其中诸多的道德伦理经典思想对于匡正今日社会风气，建立社会信用体系和纲法意识，塑造人诚信守则的良好人文素质仍不失其时代意义。但社会毕竟发展了，继承中需要赋予新的时代内涵，创新与突破中亦不宜以历史虚无主义的态度拒绝中国，以全盘移植外国理论的思维方式来指导中国的教育实践。

继承传统并不是回到传统的原点，而是在扬弃传统中创新，在借鉴经验中突破。基础教育改革的过程应是一个螺旋上升的过程，是一种在新的认识基础上的主动选择。"以教学为主"不排斥学校中其他活动的存在和发挥作用。以间接知识学习为主，不排斥学生的活动、发现式学习；发挥教师主导作用，不是把教师的意愿强加给学生，使学生"被迫选择"，不排斥学生的主动参与和积极性、主动性的发挥；以课堂教学为主，并不意味着对其他教学方式，如对话式教学、探究性学习的拒绝。总之，基础教育改革取向的抉泽应是一种行动自觉，是一种积极科学的合理性行为。当然，无论创新还是突破，都可以起于直觉，在零点上起步。但历史和现有文化的价值是可以提供更多的参照和启发，从而让创新和突破更合规律性、目的性、价值性。所以，扬弃中的创新与突破会使成功的可能性更大。基础教育改革是一种人的身心发展的实验，实验载体是 2.03 亿正在成长着的青少年。同时，改革又是一种带有假设的实验，实验的结果是预设的却是未知的。以如此众多的中小学生为对象进行的这场规模庞大的实验，不仅决定着这些中小学生未来的身心发展和他们的前途和理想，更决定着中国一代人的发展质量，决定着中国未来的发展命运和竞争力，绝不可以小视。在改革之前，我们不能用可能是一代人的发展代价来摸索一个成功的改革设计。这样就需要在改革之中进行不断的调整和修正，从而尽可能保证改革的成功，把改革的代价降到最低点，最大程度逼近改革的预设目标。如是，改革过程就不能拒绝历史，拒绝建议，拒绝反思，拒绝批评，搞一言堂，老虎屁股摸不得。恭维会给人满足，但会使人迷失。批评会使人难堪，但有时比恭维更有助于校正改革的方向。

人们只有知道自己现在身在哪里，才能知道最近的将来去往何处，也才能知道教育创新成功的命门。

第六章 学科教学中探究性学习问题分析

第一节 探究性学习的发展

一、学科探究性学习研究在国际教育改革中得到重视

1. 首先看，国际教育改革中关于学科探究性学习研究的情况

综合国际上学科研究资料看，探究性学习在学科教学中有所研究，主要表现在数学教育改革方面：（1）注重学生经验和实践。（2）提倡学生"做数学"是目前数学教育的一个主要观点。如英国数学教育提出开放性课题任务，进行探究性学习活动。课程委员会提出按数学学习大纲设计课题的要求，使学生的综合活动紧扣大纲的要求。强调学生的主体活动更是东亚国家和地区数学教育改革的切入口，经验活动是许多国家和地区数学课程基本内容。台湾地区数学教育改革的一个基本理念是以学生为本位，只有在学生主动参与教学活动下，学习才会发生。与中国最相似的日本改革中呈现了许多新的学习方式，例如，"生活中的数学"、"Handson"活动等。"Handson"强调围绕主题动手实践，主动学习，合作学习，只有做

过才能学会。国际数学教育改革对我们的启示，如个性化、活动化、实践性、网络化等都值得我们关注。目前，我国的数学探究学习活动主要是"猜想——验证"的模式，虽过于简单但也有些精彩的浪花。值得重视的是，我们在吸收国际经验开展学科探究性学习时，必须把握我国数学的民族特色，才能形成自己的特色，走出自己的路。

2. 再看，我国其他学科开展探究性学习实践的情况

应新课程改革的需要，我国在学科探究性研究方面有一定的基础，如刘可钦总结的注重以数学思维来建立模型的《探索性学习活动的小学数学教学模式》、刘国银提出的以话题为中心以能力培养为主线的《中学英语探究性学习的实施策略》、王荣恺提出引发认知冲突产生任务驱动的《物理研究性学习》等都强调了学习的自主性、互动性、过程化和教师的主导作用。这些都为我们的实践提供很好示范和参考。

二、因特网环境下的学科探究性学习

1. 应用于学科教学的 WebQuest

其教学目标是知识的获得和整合，也是拓展和提炼。为了使学习者明确学习目标，每个 WebQuest 都经过精心设计，它赋予学习者以明确的方向，给学习者一个可行的任务，并提供相关的甚至能指导他们完成任务的资源，而且还告诉他们未来的评价方式，以及概括和进一步拓展课程的方式。

2. 有学科特色的综合学习网站

现如今互联网高速发达，各类网站包罗万象，当然其中不乏众多学习网站，它们有的紧扣学科课标要求，围绕某一类考题学习进

行探究学习，或以课本的拓展研读为主，如高中作文学习网站（ht-tp：//www. zuowen. com），并提供相关链接以便于学生对更多类型的文学进行综合性的学习研究。还有的围绕一个或多个单元进行探究学习，以关注单元板块的知识整合、运用，或指导学生进行学科拓展性探究学习，如学科网 www. zxxk. com，围绕单元学习主题，学生可以就课本中的某一个专题进行探究。

第二节　我国的探究性学习

一、存在的问题

经笔者多方位的搜罗资料，发现中小学学科探究性学习的实施中存在诸多问题，通过总结和归纳，大致可以分为以下问题：

（一）对"是什么"的困惑："这是学科课，是活动课，是信息技术课，还是课外学习？"

对"是什么"这种不知所云的现象极为普遍，其现状令人堪忧。对探究性学习的内涵及具体表现形式，老师们普遍感到心里没底。探究性学习的课堂不再唯教师独尊，因为信息源不仅仅来自教师，其典型现象是信息多而杂。而大部分教师缺乏调控能力和意识，就容易偏离文本，偏离教学目标。曾几何时，"语文课到底姓不姓语"的争论在全国一度成为热门话题。如有一教师执教《长征》一课时，借助信息技术开展学科探究性学习。课始到课终，网络成了学习的主要根据，文本被冷落；学生围绕自己的问题浅浅而谈或花絮不断，但语言文字的品读感悟训练却束之高阁。各种形式的活动、浅层次的交流热热闹闹，语文价值观的熏陶感染却丝毫不现。自然有人会感叹：新课程改革是雾里看花！要说把探究性学习作为一门专门的课程，作为一个崭新的领域，就没有多少成型的东西来参照，教师的创新意识与勇气还足些。但学科课程有严密的逻辑体系和学科特点，教师往往已形成定势，怎样处理好学科要求与学习方式的变革需要教育工作者有一个宏观的视野来面对这个现实的问题。

（二）对"为什么"的困惑："是以教师为主，还是以学生为主呢？"

1. 照本宣科类

即名以任务驱动式开展探究性学习活动，实则是教师被教材教参牵着走，学生又被教师牵着走，教师时刻主宰课堂。至于学生的问题是否解决，往往不了了之或教师统一答案。其理由是——都听学生的，那要老师干嘛？学生又能探究个什么出来，简直是费时又费力。

2. 放任自流类

即让学生自我探究，至于探究形式、过程、方法、评价均不到位，甚至是脚踩西瓜皮，滑到哪里就是哪里。其理由是——不给学生实践的机会，没有实践和空间，学生的自主性、实践性、创新性从何谈起？这才是充分尊重学生个性，给学生自主。

在这里，大多数的老师们会有许多关于课程改革的困惑：放任自流，如何完成教学目标？照本宣科，还是老一套，转变学习方式又从何谈起？然而笔者经调查得出：要引导学生探究，应该"放手"而不"放任"，"放手"也要"牵手"。但是，放手，往往时间不够，让自己处于欲罢不能的局面，那么，如何"牵手"才是得当的呢？特别是面对学生五花八门的见解，如何才能做到既不伤学生自尊和兴趣，又保证课堂任务的完成？为此，笔者建议，在学科中开展探究性学习要引导学生探究，就应关注教师的素质提升。

众所周知，教学是一个互动的过程，不能简单地论谁是课堂的主人。学的主体肯定是学生，教的主体自然是教师。教学以学为中心，教是为了不教，所以教师的指导地位是肯定的。那么，其中的关键还是要把握探究性学习的目标与意义，鼓励教师敢于探究，引导教师走上自我研究之旅。

（三）对"怎样做"的困惑："是隔岸观望，是随波逐流，还是挺立潮头？"

1. 隔岸观望类

即对学校的探究性学习活动不热心，也不大愿意参与，多少抱着看热闹的心态。不少人担心"放弃全面而系统的学科文化知识，搞探究性学习"，会在很大程度上影响了正常的课堂秩序。这样探究性学习会使知识体系不完善，"知其一而不知其全面"。其次，也有少数教师形成职业倦怠，只愿抱朴守旧混日子，从心里抵制任何形式的改革。

2. 随波逐流类

即以应付的态度或无可奈何的情绪参加到这项改革中来，虽以模仿他人为主，但态度是消极的，自然缺乏对探究性学习本质的认识。

3. 挺立潮头类

即敢于尝试和实践，积极参与学科探究性学习的探索。这一部分教师主要是学校的各级骨干，他们有策略，也有一定的反思能力，但大都缺乏理论指导和对教育各要素的把握。他们是教育改革的弄潮儿，系统地认识探究性学习将有助于他们开阔思路、策略个性化、专业风格化。

（四）对"做到什么样"的困惑："是表演性行为，还是日常性行为？是求形式，还是实质？"

即有积极的态度参与到改革中来，但缺乏对教师这个创造性职业、对教育过程复杂性的认识，习惯于采取拿来主义，自然对策略的针对性和持续性缺乏深入的思考。由于缺乏系统性和协作性，各所学校的研究出现了低水平的重复。基础好的学校刚有一点创意，第二年，很多学校的模仿就跟上来了。毕竟教育的情境性决定了模仿不可能是形式的，因为每一个创意本身所传递的教育思想才是精髓。这从每年的竞赛课可见一斑。

我们也发现，可能是受以前搞活动课的影响，也有的老师在没有真正吃透"探究性学习"的实质时，为了赶时髦，把传统的教学方式稍加修改，换一个标签，摇身一变成了"探究性学习"。如这样一节语文课就很典型：课题是《晏子使楚》，课堂上首先是老师声情并茂地范读课文，接着是学生集体朗读，然后由几个学生到讲台上，一个扮演楚王，一个扮燕晏子，表演课文中的几个情节，最后师生点评学生的表演得失。从形式上看确实与传统教学有些不同，但与真正的"探究性学习"还存在较大的差距。因为学生的参与只是浅层次的，只是一种机械的模仿，充其量只能算是在传统教学方法上加了一个游戏而已。

（五）对"谁来做"的困惑："是教师的事，是学生的事，是家长的事，还是学校的事？"

探究性学习的特征决定了学科课堂学习开放性、自主性、实践性。因此，对教师而言，不仅加大了工作量，同时带来了诸多责任问题：

关于资源需求和使用的问题。书本知识毕竟有限，开展探究性学习需要更为集约丰富的共享资源，包括网络资源和实践工具。而在传统条件下，这些资源都是比较缺乏的。因此，在一定程度上还是满足不了探究性学习对资源的需求，并且还存在着对资源利用的有效性问题。

关于学习途径和场地的问题。探究性学习真正体现了学科课内外的结合、学科与生活的结合。虽然以课堂学习为主，但同样需要多样化的空间。

关于探究性学习评价的问题。探究性学习关注过程与方法、情感与态度，而成长档案袋作为探究性学习评价的一个载体，能极大地激发学生自我教育的内驱力，但它本身的复杂性决定了这项工作绝对不仅仅是教师一个人的事情。

那么，以上这些问题对于学校来说，都是十分头疼的事情。我们要在课堂教学中开展探究性学习同样要面对这些问题。

二、问题的原因

（一）学校对学科开展探究性学习缺乏系统的认识

探究性学习不能仅仅理解为一种学习方式，它更是一种新的教育理念。探究性学习课程的设置和探究性学习方式的展开不能仅仅看作是独立于以往国家教育改革的一项新措施，而应把它看作是国家目前推行的素质教育改革总系统中的一个核心要素、一个重要的环节。探究性学习不是科研过程的简化，更不是科学课题研究。大到一个专题的研究，小到一个字、词、句意的理解，都可以是学生研究的内容。

总之，探究性学习应该贯穿于整个学习过程：而且更多的是渗透在平时的学习中。学生进行探究性学习，不是为了培养研究者、科学家，而是为了培养一种独立自主、主动求索、勇于面对困难甚至挫折的精神和能力，这种精神和能力对于任何人都是必要的。那么，探究性学习在课程改革中处于什么地位、起什么作用呢？又如何为整体服务？这些问题恰恰是很多学校所忽视的。

首先，机械地把探究性学习理解为让学生出研究成果就是一种不切实际的认识。创造力有水平高低之分，中小学阶段主要不是开发能为社会创造价值的高级创造力，而是主要体现中小学生的一种个性——能独立、自由地发表个人见解，能自主地进行学习研究。所以，要明确中小学开展探究性学习的总体目标和不同学段的要求，特别是学科课程与校本课程（即以校为本的主题探究性学习课程）各自的目标和侧重点是什么。至于能否出研究成果，学生创造能力提高多少则不宜有太具体的目标，特别是要淡化成绩方面的影响，以免增加学生学业负担。

其次，由于教师受过去封闭式的管理影响过深，习惯于做一个课程的执行者，对课程缺乏整体认识而影响了学科探究性学习的研究步伐。这主要体现在教师不能把自己作为一个探究者来进行探究。特别是对自身在整个课程改革的作用认识不够，因而角色意识不能到位。自然而然，教师对学科课程开展探究性学习的目标不理解，何谈从学情出发，去整合学科课程资源，活用文本、实施探究性学习策略？

那么，以上根本原因还在于学校课程的领导者缺乏对本次课程改革的整体规划和认识，没有一个明确的课程改革目标。在很多地区，很多学校的课程改革目标是惊人的一致：高中、初中、小学尚是如此，更谈不上城区之分、校情之分。甚至有些学校的办学目标多少年不变，与办学宗旨混为一谈，何谈课程改革的目标？把国家培养目标当作学校自我培养目标，出现目标倒挂，过空过大的现象在很多地区相当普遍。究其因，课改工作者们对本次改革的核心认识不够。学习方式的变革这根线把握不住，自然出现学校课程目标的缺失了。从学校课程目标看其他课程要素来进一步分析学校层面的原因，我们不难发现：

在课程内容与结构方面，课本依旧是唱主角，学校资源网（库）即使有，小学初中鲜有开放，高中还是基于传统的教学模式，学生完全凭个人兴趣阅读学习。过重的学科课业负担使得学生每学期光顾资料室的次数是屈指可数。校本课程或行同虚设或套用传统学科教学模式进行教学。在不同课程结构中，探究性学习的比重大都无法得到体现。

在课程管理与实施上，有些学校没有充分重视探究性学习。不少学校把分数作为评判学生的优劣和教师业绩大小的唯一标准。这些学校在课程安排上，只是把探究性学习放在课外活动中，一学期搞一两个兴趣小组就算应付完事，而没有深刻了解和认识探究性学习开展的过程、目的、方法等重要问题。

在课程评价方面，小学、初中基本停留在探究性学习实施探索的浅层面，更未涉及管理与评价层面。高中的探究性学习主要侧重于成果评价忽视过程评价，成果评价的可信度不高。

（二）教师的认识和素质急需进一步提高

1. 来自教师认识层面的原因

有的教师自己是学生的时候接受的就是传统教育，缺少一定的独立思考能力和创新意识，当了教师以后依旧以知识本位观为主，往往表现在急于达到教学目标而忽视了在教学过程中对学生实践能力和创新意识的培养。

有的教师传统观念形成定势，不能明晰探究性学习的本质，只将其简单当作活动的形式之一，并没有实现方式的重大转变，使学生不能将适应学以致用，达不到探究性学习的目的。

有的教师认为探究性学习是一种纯方法论，过分地推崇概念、方法、结论的获得，使得学科学习缺乏情趣和学科本质的东西。这

就与探究性学习培养学生独立思考、合作精神、实现自我价值的初
衷背道而驰了。

有的教师盲目地认为探究性学习就是完全放手让学生自学，在
整个过程中不闻不问，也不提供任何咨询、帮助，这样很容易使学
生走弯路，甚至会误入歧途。

有的教师从"破旧立新"的角度出发，把探究性学习当作救世
主，把它的功能随意地扩大了，认为探究性学习最终要代替接受性
学习，所以，否定传道授业的接受式学习也是有违教学规律的认识。

有的教师把教师职业当作一种一劳永逸的工作，缺乏进取心和
创新精神，因而从主观上对学科教学中开展探究性学习不愿意参与
和付出，甘当旁观者。

有的教师认为探究性学习就是要培养学生的科研能力，因而偏
重指导优等生进行研究，这样容易使探究性学习变成学习尖子生的
学科竞赛，而忽视了其本身所应具备的广泛性的特点。

2. 来自教师能力与素质层面的原因

其一，缺乏对探究性学习策略的了解和运用。表现为有的教师
对学生指导的方法和手段都过于陈旧，有的教师对信息技术不了解，
对学生的指导还停留在纸笔运算上，这不仅无法满足学生学习的需
要，也不符合时代潮流的发展。

其二，缺乏提出问题、分析问题、解决问题的能力。表现为在
探究性学习过程中，缺乏一定的观察能力和思辨能力，不能正确处
理理论知识与社会实际的关系，无法正确指导学生的研究，不能及
时为学生排忧解难，这样在整个学习过程中形同虚设，影响了学生
实践能力的培养和发展。

其三，专业知识视野狭窄和专业素养较差。表现为不能及时吸
收新的理念，把学生当作固定的产品，偏视甚至漠视学生在学习过

程中的创新精神、合作态度，一味依照结果评定成绩，这是对探究性学习评价标准的误解，极易打击学生的学习积极性和创新热情。

其四，基本教学能力或创新能力不够。表现为不能根据学情来准备预案，及时组织调控课堂，为学生的发展而教。

在探究性学习过程，很大层面的原因在于教师缺乏学情的正确分析，主要体现在不知道对学生如何进行分析。

（1）难以找到学生进行探究性学习的最近发展区。这是因为教师往往盯着教参和教材，却不知道教材只是一个凭借，应从学生认知水平、已有的知识水平和背景入手。

（2）对学生自我意识和独立意识估计不足。由于我们的学生多处于与社会隔绝的状态，主要接受的是被动的学习，因此缺乏实践意识和参与愿望，特别是一些能力较差的学生。

（3）对学生所掌握的信息量估计不够。学科背景下探究问题的解决，仅仅凭借教材或浅层次的读是不够的，需要孩子一定的阅读量和生活的积累与体验。例如语文课上，老师们往往难以把握的就是如何围绕探究任务紧扣文本来探究，从而引导孩子解读文本、品读文本。

（4）学生缺乏合作交流的技巧和持续学习策略。例如在小组合作学习和全班交流中，如何抓住要点倾听和表达？针对不同意见，如何归纳共同点，找出分歧点？如何理顺思路，进行发散性思维，找出问题的突破口？作为情境性问题的解决，对于学习者来说需要弹性更大的自由时空。由于大家解决的可能不是同一问题，不同的人又有不同的解决方式，学习者既需要同步的集中交流，也需要随时随地的异步沟通。如果缺少必要的教学组织，学习情境中缺少必要的挑战和干扰，学习的过程中缺少必要的协调交流，对话和反思就会终止，探究就得不到延续。

因此，在探究性学习预案设计中，必须全面估计学情。在探究性学习过程中，要对学生的自主学习提供指导和帮助，也要随时关注学情的发展，估计学生的学习研究能力。对学生能力估计过高，探究性学习往往达不到目标，容易产生失败感。对学生能力估计过低，牵手过多，学生完全丧失学习自主能力。这都是对学生能力估计不全面造成失误的原因。

（三）学生的认识观有待转变

青少年对世界、生活的感知还刚刚起步，在这一阶段培养他们具有学习的主动性，培养独立思考能力和创造性的思维素质，将使之终生受益，这是毫无疑问的。然而这些能力和素质的形成，离不开一定的学科知识积累，离不开基本的学科技能训练，更离不开探究性学习策略的掌握。如何正确看待学科课堂的书本学习，接受教师的"传道授业"？如何在学科学习中发现问题，运用探究性学习去分析解决问题？所以，培养正确的知识观对学生学习方式的变革十分重要，这正是很多学生所忽视的。

第七章 探究性学习中的师生关系

第一节 新型的师生关系

当前，基础教育课程改革正如火如荼地在中国大地上开展起来，怎样才能把素质教育落实到实处，师生关系起着至关重要的作用。

一、建立新型的师生关系是实施素质教育的需要

新课标的颁布、实验教科书的试运行，向我们昭示着素质教育已日渐深入，同时，社会的迅猛发展拓宽了学生获取知识的渠道，教师和学生在教学活动中的角色也随之发生了巨大的变化。

传统的教学中，教师是知识的载体，是教学活动的主宰，学生是教师知识传授的对象。课堂上，老师站在讲台上严肃认真地讲解，学生规规矩矩地坐在座位专心听讲。老师讲的知识点，学生掌握了，就达到教学目的了。这样的教学活动日复一日、年复一年，老师对学生最为关注的是他的学习成绩，学生对老师则敬而远之，甚至关系紧张，很难向老师敞开心扉、畅所欲言。我们知道，素质教育的核心就是创新教育，而这种师生关系严重地阻碍了学生个性的发展和创新意识的培养。因此，今天的教师再也不能用传统的"教"教

材的方法来面对信息来源广、智力发展快的儿童了。

教师不再仅仅是知识的传授者，而应是一个能影响他人、指导学生领悟学习过程的引导者；不再是只教科书的执行者，而应是创造性地运用教材与学生一起交流的合作者；不再是只知道教书的匠人，而是拥有正确的教育理念并付诸实践的研究者。即，不只是教会学生学什么、做什么，而应教会学生怎么学、怎么做，教会学生发展他自己的精神世界，使之成为一个完整的人。这样，建立一种新型的——平等、民主、和谐、互动的师生关系就成为我们的必需，成为我们努力的方向。学生也只有在这种平和、融洽的氛围中，视老师为伙伴、为知心朋友，才能充分发表自己的心声，展示自己的个性，教师也才能准确地把握每个学生的心理需求，有针对性地点拨、指导，促使其不断健康发展。

二、建立新型的师生关系是每个教师必修的课题

新型师生关系的形成，很大程度上取决于教师。教师精深的学问、友好的态度、高尚的人格、浓厚的教学兴趣、适当的情绪表现以及合理的言行，皆将成为学生所观察、所注意、所模仿的对象。对于学生来说，教师的人格、教师的素养是任何力量都不能替代的最灿烂的阳光。因此，一个优秀的教师必须主动地调节自己与学生之间的关系，使得教学既民主、轻松，又生动、严谨。

1. 树立新理念，确立新角色

任何改革首先是思想观念的转变，实施素质教育，教师必须具有全新的理念、良好的素质和改革的精神。我们必须不断地"加油"、"充电"，提高自身理论知识和教学艺术，使新的教育思想渗入我们的教学中。许多学校实验了"探究性学习"、"小主人教育"、"主体性学

习"等多种重在培养学生素质的、新的教学形式。在这些新的教学形式中，学生不再被动地接受知识，而是饶有兴致地按照自己的需要进行他们的观赏、调查、讲述、写作……乐此不疲，教师的角色也相应地由凌驾于受教育者之上的"灌输者"、"管束者"转变为主体发展的良师益友、合作伙伴。有一位教师组织学生进行"我们的学校"的探究性学习，学生可以采用自己喜欢的任何方式来表达他对学校的认识。于是，教室后面的墙壁上出现了"我看我校，我爱我校"的作品展览：有摄影爱好者为学校拍摄的彩照，有小诗人写的"校园美"、"老师颂"，有关注学校发展的调查报告，有《我们的乐园》、《未来的学校》等多篇习作……学习过程中，师生共同参与、相互影响，不但提高了学习的欣赏水平、实践能力与合作精神，而且密切了师生关系，为工作的进一步开展打下了良好的基础。

2. 营造宽松和谐的教学氛围

良好的师生关系是教学成功的关键因素之一，因此，教学中，教师要积极参与学生的学习过程，创设宽松、和谐的学习气氛，为学生提供生动活泼、主动发展的空间，以培养他们的主体意识、自学能力和创新精神。

首先，教师要尊重学生的人格。我们所面对的每一个孩子都是独一无二的，无论他字写得好坏，无论他活泼开朗还是沉默寡言，哪怕他考试不及格，他们也都将走向未来，都将居于新世纪发展的核心地位。我们要树立正确的学生观，要让每一个学生在人格上得到最大的尊重。我曾见一次语文课上，一位学生回答问题时出现一点偏差，老师立刻打断学生的话想予以纠正，但又意识到自己犯了一个错误，于是诚恳地对那个学生说："我打断了你的话，对不起！请你继续说下去！"由此，清楚地看到学生在这位老师心中的地位——学生是和自己一样的人！我们要与学生交心，不妨蹲下身来或坐在孩子们当中与他们谈话，而不要让孩子们仰视你；不妨耐心听完孩子们那不够流畅甚至答非所问的话，而不去打断他；不妨像这位老师一样，能在大庭广众之下当面向学生赔礼道歉……这样，学生会加倍地向老师学习，学会尊重他人，形成健全人格，并且使师生的心融为一体，产生共鸣。

其次，教师要保护学生的好奇心。好奇是孩子的天性，是孩子发现问题、思考问题的开端，它反映了孩子对知识的一种渴求，是教师利用的资源，要充分保护它、利用它。有一个学生在学习《鲸》一课时，突然发问："鲸是哺乳动物，它成长过程中会不会像我一样要换一次牙？"这其实是一个与课堂教学目的无关紧要而且我也一时难以回答的问题，但我没有回避，引导学生课下寻找答案。于是师生共同行动，有的翻阅图书，有的网上咨询，有的请教他人，终于解决了这个问题。这样，既满足了学生的好奇心，又锻炼了他们利用多种途径搜集相关信息的能力。

另外，教师要发展学生的自信心。有实力才有自信。班上几十个孩子各有各的优点，也各有各的不足，学生实力不足的地方，正是需要教师特别关注的地方。对待学生的不足甚至是错误，教师要相信自己的教育，相信自己的学生，以尊重、理解、信任和鼓励的强大精神力量去感化学生、诱导学生，给学生自我修正的时间、自我进步的主动性。实践中，我经常有意识地让腼腆的孩子领读课文、代表小组发言，让性格急躁的孩子跟细心的孩子一起办板报、描花边儿，让不爱读课外书的孩子"帮老师"查资料……渐渐地，孩子们在愉快的活动中受到了锻炼、增强了自信心，变"要我说"为"我要说"，变"我能行？"为"我能行！"

3. 发挥教师的评价功能

没有一个人是全能的，也没有一个人是无能的。教师绝不能仅凭本身并不一定十分科学的知识检测来评价学生，或仅凭一时一事给学生的现在和将来妄下断言，必须注重发现学生不同的个性特长，看到每一个孩子的闪光点，尽可能地创造条件，让学生各展其能、各显其才，并且不要吝啬赞美之词，让学生享受到成功的快乐，调动他们的积极性。在一节观摩课上，我听到授课教师运用许多这样的句子："你们真聪明！""你读得真好！我都要感动得流泪了。""要是你写了文章，也可以拿去发表了"……这些评价，既是对学生成绩的一种肯定，又有助于鼓励学生进一步发展。巧妙地运用我们教师欣赏性、模糊性、鼓励性、幽默性的评价吧，那将使我们收到事半功倍的效果。

总之，现在的教学中，教与学是沟通中的相互作用关系，老师与学生的关系是交互主体性的伙伴关系。建立新型的师生关系，将有助于师生之间的情感和理念的交流、知识资源与见解的共享，有助于丰富教学内容，求得新的发现，实现教学相长。

第二节　构建新型良好师生关系的研究

构建新型良好师生关系，有利于学生身心发展，形成和谐的教学氛围；有利于提高教育教学效果，实现教育目的；有利于教师献身教育事业；有利于学生努力学习，奋发向上；有利于学生适应社会发展；有利于教育和教学和谐统一；构建新型良好师生关系的具体步骤：1. 教育民主。2. 公平对待学生。3. 尊师爱生。建立良好的师生关系能充分发挥师生的积极性、主动性、创造性，让学生在民主、宽松、和谐的教学氛围中，生动活泼地、主动地全面发展。

邓小平同志指出：我们提倡学生尊敬师长，同时也提倡师长爱护学生，这种新型的道德关系，"热爱学生，诲人不倦"具有社会的现实性，而有客观的必要性，教师能否热爱学生，诲人不倦，决定性地影响着师生之间的道德关系，而这种关系的状况如何（是和谐一致的，还是抵触对立的）会直接增进或损坏学生的利益和教育事业的利益。因此，社会主义道德，把"热爱学生，诲人不倦"作为调整教师与学生行为关系的准则。教育教学过程中和谐的师生关系，有利于师生"教"与"学"的积极性、主动性、创造性的发挥，所以，在当今素质教育"以人为本"思想指导下的教育实践，更应当研究构建新型良好师生关系。

一、建立良好师生关系的作用

（一）良好的师生关系是一种和谐的教学氛围，有利于学生身心发展

良好的师生关系，是良好情绪气氛赖以形成的基础和手段，而良好的情绪和气氛所激发的是学生积极、热情和自信的心理状态，愉悦、舒畅和欢快的心境。在这种精神状态下，学生心理压力小，能保持敏锐的智力，并与他人建立和保持和谐关系。相反，在紧张沉闷的气氛里，学必会压抑、恐怖、焦虑、精神不振，甚至困乏、迟钝等不适心理，患上不良的心理疾病，从而影响学生的身心健康。

（二）良好的师生关系有利于提高教育教学效果，实现教育教学目的

良好的师生关系有助于树立教师的威信，能更好地发挥教师的主导作用，有助于调动学生的学习主动性与积极性，充分发挥学生的主体作用，使教育一致，提高教育教学效率。

　（三）良好的师生关系是教师献身教育事业的激励因素

　　教师大部分时间和学生在一起，师生之间的关系融洽，工作效率定会大大提高，久而久之，教师定会逐步坚定献身教育事业的决心。师生关系融洽，学生在各方面都能密切配合，教育教学计划可以顺利实施，教师的劳动成果会在学生身上体现出来，这必然给教师带来无限的喜悦，激励教师更加努力工作。

　（四）良好的师生关系是学生奋发向上的重要因素，有利于学生努力学习

　　良好的师生关系意味着师生之间相互理解、尊重、信任、帮助，能使学生产生强烈的积极情绪，并转化为自己积极上进的内部动力，当学生遇到困难时，愿意找老师想办法。当教师有困难时，同学们也不约而同地伸出热情的双手。

　（五）良好的师生关系是重要社会环境，有利于学生适应社会发展

　　社会化是指未成年的个人在一定的社会环境中，通过与他人的接触，与社会生活不断调适，最终成为合格的社会角色的"社会人"的过程，学生社会化的发展，主要是在学校实现的，形成良好的道德习惯，虚心好学的品质，处理人与人之间的关系等。学校这个育人的场所应该给予学生正面的、积极的影响，良好的师生关系能推动广大学生努力掌握科学知识，又必将学生个性社会化，早日成为有用之才。

　（六）良好的师生关系是教书育人的重要因素，有利于教学和教育和谐统一

　　这是教师进行教书育人的前提，学生只有亲其师才能信其道，只有信其道才愿受其教。师生关系融洽，学生对教师的教导，在感情上才具有相信性，而在不融洽的师生关系中，学生容易形成对教

师的"逆反心理"与教师的教导背道而驰。其实，良好的师生关系不仅是教学活动的必要条件，而且其本身就具有道德意义。良好的师生关系和教师高尚的品德是影响学生思想品德的人生观、世界观的最好的教科书。

二、建立良好师生关系的理论基础

师生之间的关系是师生在教育活动中产生的交往关系，它不是由客观条件所决定的，它的目标是满足人的交往需要。交往的需要是作为人的一种独立的主观的需要，而客观存在的，无论是教师还是学生，在教育过程中都有强烈的交际需要，学生希望通过与教师的交往，博得教师的喜爱、关心和重视。这种需要推动教师不断提高自己思想和业务水平，力图在交往中以自己的高尚品质、渊博知识，给学生留下深刻的印象，同时也推动学生努力学习，认真完成教师布置的各项任务，力求使自己的所作所为更接近教师的期望。因此，师生之间良好的关系，可以作为一种推动力，推动教育活动的进行，然而师生的交往需要并不是轻易得到满足的，它要具备一系列的条件，这就给教育过程中交往的双方提出了诸多的要求和约束。对于教师来说，要求一方面应具有高尚的品德，公平无私、正直、坚定、积极向上，另一方面要钻研业务，要具有渊博的知识。这是教师赢得学生信任的前提之一，对于学生来说，要求学生有基本的文明水准和道德修养，有强烈的求知欲和探索精神，有对学科知识及教师的爱，这是学生博得教师喜爱的关键之一。在对师生双方的要求中，贯穿着一个共同的准则，即"爱"，教师爱学生、爱事业，学生爱教师、爱知识，因此，师生间互尊互爱，这是师生之间关系建立的思想基础，是培养一代新人的关键。

三、构建和谐师生关系的具体步骤

（一）教育民主

"民主"就其微观而言，就是使每一个人（包括每一个学生）都受到其他人（包括教师）的尊重，使他们享受和其他人平等的权力。教育民主就是要求教师尊重学生的人格及个性的特殊性。师生关系民主化是以双方人格平等为前提的，没有教师和学生在人格上完全平等，就没有民主可言，教师和学生虽然在权利和义务上不同，但在人格上即作为人的尊严是完全平等的。只有当学生把教师看作和自己平等的一员时，他才可能心悦诚服地接受教师的合理要求，并将其内化为自己的东西，民主的教育允许说服，但不允许强迫学生接受自己的观点。对待学生的一切思想问题和行为问题，教师以平等的态度同学生一起探讨，教师应允许学生不服或对教师的"说服"提出异议，否则会形成学生的被动感，使自主意识减退。

要发扬教育民主，就允许学生批评教师。长期以来，教师训斥学生被认为是天经地义的事，而学生批评教师则被认为是悖礼犯义。实际上学生批评教师，是对教师工作高度负责的表现，是对教师的一种关心和爱护，虚心接受学生的批评，不仅有利于教师改进教学工作，而且有利于把学生从小培养成为敢想、敢说和敢于创新的一代新人。

（二）公平对待学生

教师对学生的爱是无选择的，热爱学生，必须对学生一视同仁，平等对待，不掺杂任何偏见。应把自己的爱倾注到每一个学生身上。不论学生是领导干部子女还是一般群众子女，都要一样的爱起来，决不能有亲有疏、有远有近，特别是贫困生，应给以更多的关心和爱。美国著名的成功学家奥里森·马登说过："大部分成功者最初都是穷苦的孩子。"

（三）尊师爱生

高尔基说："谁爱孩子，孩子就爱他，只有爱孩子的人，他才可以教育好孩子"。尊师爱生是我国千百年来处理师生关系的优良传统，是社会主义社会人与人之间的关系在教育领域的具体体现。尊师就是要求学生尊敬教师，尊敬教师的劳动、谦恭有礼、学而不厌，虚心聆听教师的教诲。爱生就是要求教师热爱学生、爱护学生、关心学生、认真负责、诲人不倦，促使学生在德、智、体几方面都得到发展，尊师与爱生彼此影响，相互促进。教师受到学生尊重会产生自尊感和责任感，从而激发出更大的事业心和积极性，学生受到教师的关怀，就会更加尊敬教师，"尊师"与"爱生"爱生是前提，"尊师"是爱生的必然结果，教师对学生的爱是沟通师生情感的桥梁。

第三节　创新教育呼唤现代师生关系

世界正在快速变化。为适应世界变化，创新教育应运而生，势在必行，追在眉睫。但是，创新教育与真正意义上的实施还有一段不小的距离。其中，传统师生关系，就是创新教育所面临的一大潜在问题与障碍。传统师生关系虽然有积极的一面，但更有消极的一面，我们必须正视这个问题。众所周知，师生关系是教育的基础条件，是为教育服务的，同时，师生关系还直接影响着教育的效果。所以，评价师生关系是好是坏，主要看它是否适合于教育的需要。适合教育需要的师生关系就是好的师生关系，反之，就是不好的师生关系。显然，传统师生关系中的不民主性、不平等性、不科学性，根本不符合创新教育的要求，它们只会困扰和阻碍创新教育，不会促进创新教育。

一、对传统师生关系的浅析

师生关系，看似简单，其实并不简单。对于师生关系我们至少可以演绎出三种角色关系。一是长幼关系。通常情况下，教师是长辈，学生是晚辈，由此可以把师生关系演绎为长幼关系。这样一来，师生之间就得长幼有序，不可胡闹，作为晚辈的学生必须对长辈的教师处处恭敬有加，时时听从教诲，不得抗逆。二是神与物的关系。也许这种说法过于夸张，但事实上，在传统观念里，教师不仅位居长辈，而且还是知识与真理的化身，在学生眼里教师就像"神"。而学生呢，则犹如毫无知觉任人使用的器具。所以，师生关系在这里又虚化为神与物的关系。难怪，学生有时成了白纸，任"神"涂画；有时成了容器，任"神"灌输；有时则成了泥土木块，任"神"又雕又塑。三是人与人的关系。不过这种关系常常被人们所忽视（尤其是教师）。我们不禁要问，教师是长辈，是知识与真理的化身，但教师还是不是人？如果是，那么我们又不禁要问，学生到底是不是人？似乎，这简直是个让人取笑的问题，但在事实上，任何一个理性的人都会对此作认真深刻的思考。学生是人，这谁也不会否认，可问题不在这里。既然学生是人，教师也是人，那么学生就完全同教师一样有着人的思想和情感、人格和精神、需求和愿望、自由和选择等等。可有多少教师真正面对过它们、理解过它们、尊重过它们？教师和学生之间的这种最基本也最实质的关系——人与人的关系，恰恰被人们忘却了。

北京就曾经有学生问特级教师丁榕："您说教育等于什么？您能不能用公式写出来？"没等丁老师回答，学生就说了下去："我的感觉是，教育＝不许××。老师几乎天天告诉学生不许这样，不许那样，老师研究的就是这个。"在这里，我们确实看到了"长辈"和"神"对学生所进行的畸形的物化教育。这从根本上扼制了创新教育的有效开展。

在上述三种不同的师生角色关系中，前两种角色关系随着教育的发展得到不断的强化与演变。只有后一种角色关系例外，它不但没有得到强化，反而越来越被人们所淡忘。这固然与传统政治、文化以及教育中的消极因素有关，但与教师的教育观念也是分不开的。其实，三种角色关系中，最根本的关系是人与人的关系。这个关系决定了另外两个关系的性质。当教师真正把学生看作独立的个体时，就会深刻认识学生的人格、潜能、独立、发展以及差异，教师对学生的思想情感、人格尊严、自主选择以及教育方法等等，也必将发生巨大的变化，师生关系也将因此得到根本上的改变。没有对学生的尊重就不会有真正的教育，也不会有真正的创新教育。我们应当像尊重教育规律那样尊重学生。这样，学生就不会是物化的白纸、容器、泥土木块了，而是具有独立思想、情感、个性和人格的活生生的人了。这样的人将来才能创新创造，也才是我们的希望所在、脊梁所在。

可惜，在传统的师生关系中很难找到这种理想的师生关系。

那么，传统的师生关系究竟是什么关系？就当前普遍认同的一些说法，我们可以概括为：品德教育上，学生要听从教师的教导；学科教学上，学生要听好教师的讲授；日常管理上，学生要服从教师的指令。换言之，教师是教导员、指挥员、讲解员，处在主动和控制的位置上；而学生则近乎器具、机器人，似乎麻木无知，没有人格和思想，处在被动和受控的位置上。这种师生关系具有明显的单向性、垄断性和不平等性，在这种师生关系基础上所进行的教育教学存有明显的弊端。在这种师生关系基础上所进行的各种教育活动，极易给学生造成依赖性过强而独立性不足、个性压抑、人格残缺以及对抗教师、厌学弃学等问题。这些问题，对学生的整个人生必将造成严重损失，对创新教育更是有百害而无一利。因此，这种传统的师生关系正受到越来越多的指责与批评。

这种不平等、不民主的传统师生关系虽然有逐步改善的一面，但更存在严重危害的一面。受古代传统文化等各种不良因素的影响，师生关系浸染了许多污迹。在传统思想里，家长把子女看成私有财产，别说上学读书，就连婚姻也给包办了。所以，上学时家长把子女像财产一样完全交给了老师，并一再恳请老师："尽管打骂好了"。于是，打骂成理，并演化出许多令人深思的丑剧恶剧：学生上课随便讲话，教师就用胶布封住嘴巴；冬天上学迟到，就令学生头顶一盆水；考试不及格，就当着全班同学的面自己打自己的耳光；上课开小差，就令全组同学轮流拎其耳朵；学生作业糊涂，就用油漆在学生脸上涂抹；更有甚者，学生偷了钱，当着全班同学，在他脸上刺个"贼"字，并涂以红墨水；学生顶撞老师，就强令学生吃屎、吃苍蝇……尽管这些事情只发生在了少数人身上，但这些接连不断的教师暴力事件，无疑反映了师生关系的严重异化。在这些事件中，无法让人感受到一丝一毫的那种纯洁美好的师生关系。可想而知，这类教师暴力事件在改革开放、释放个性的时代洪流中，必然会受到来自学生方面的前所未有的巨大冲击与挑战。据悉，有个学生因教师在班里当众点名批评而怀恨在心，在日记中发誓要杀死这个老师。不幸的是后来果然付诸实施。也有个学生因班主任规劝他不要早恋，可是谁又能料到这位五十多岁的女班主任竟然在当天夜里就惨死在这个初二学生的刀下。

上述发生在师生之间的种种暴力事件，虽然是极少数，不能代表传统师生关系的主流，但是所表现出来的师生隔阂、师生冲突及其残忍是令人震惊的。没有任何人道与文明可言，创新教育也不允许这种师生关系的存在。造成师生关系紧张对立，恐怕有以下三方面原因：一是教育观念问题。有的教师教育观念陈旧落后，总是用老眼光、老思想来解决新困难、新问题，结果无疑是劳而无功还碰上钉子。比如师道尊严意识严重、民主平等意识不强、法制意识淡薄、教育质量观、学生观严重老化落后等等。其根本原因在于缺乏观察、学习与思考，对社会变革、教育改革以及学生变化等情况麻木不仁，教育观念和教育方法严重落后于时代。二是应教育问题。由于其社会原因，应试教育曾受到全社会前所未有的关注。一时间，应试成绩成了评价和奖惩教师和学校的主要依据。于是教师们纷纷研究应试问题，应试教育遍及每个角落。"分、分、分，学生的命根；考、考、考，教师的法宝"，应试教育之兴盛、教育功能之萎缩由此可见一斑。在这种状况下，教育存在多方面问题，教师自然也难以全面招架，教育方法不当以至错误恐怕就无法避免了，产生师生关系的紧张对立也就可想而知了。三是师德问题。这虽然是极个别的教师行为，却应当引起我们的重视，加强师德教育与培训。

总之，造成师生关系紧张对抗，固然有学生、家庭、社会等方面的原因，但主要原因在教师方面，在于教师的教育观念和教育方法。因此，加强学习、重新认识学生、加快教育观念的转变、改进教育方法、改善旧的师生关系、建立新型的现代师生关系，在大力倡导创新教育的今天，显得极为迫切和重要。

二、创新教育呼唤现代师生关系

传统的师生关系越来越不适应教育发展的要求，可遗憾的是，传统师生关系在当前的校园内还占据着主要"市场"。据调查，不少学生乃至家长对传统师生关系仍采取接受或默认的态度。同时，也还有为数不少的教师乐于维持传统的师生关系。这种状况，看起来师生之间还相安无事，但从根本上直接阻碍了创新教育的实施与发展。创新教育需要一种怎样的现代师生关系呢？

人们普遍认为：现代师生关系应当是民主、平等、和谐的关系，应当具有教育性、情感性、双向性、人道性等特征。

要建立这种现代师生关系。需要教师做的事情很多，但下述四件事不要忘记：一是充分吸取传统师生关系中的精华。这是建立现代师生关系的基础。现代师生关系不可能完全割断与传统师生关系的联系，那种想彻底否定推翻传统师生关系的想法和做法是不科学、不可取的。我们应当继承和发扬传统师生关系中的精华，作为建立现代师生关系的重要基础。如教师对学生的关心、耐心、细心，学生对教师的尊敬、信任、爱戴等等。二是用心积聚对学生的爱，这是建立现代师生关系的根本。没有爱就没有教育。三是学会运用爱的表达艺术。这是建立现代师生关系的关键。仅有爱是不够的。我们在一次调查中发现，教师普遍认为自己是爱学生的，可是从学生的调查反馈中发现，学生普遍认为教师没有爱自己。这个矛盾而有趣的现象说明：爱，还必须通过艺术的表达，才能真正实现。四是及时认识世界的变化，转变教育观念，这是建立现代师生关系的前提。有的教师面对急剧变化的社会和快速发展的时代，没有警觉、没有思考甚至没有丝毫反应。这些教师对许多重要问题必然难以作出正确判断。如社会有哪些变革？这些变革引起了教育怎样的变化？教师应当怎样适应这些变化？变革年代里的学生与自己学生时代相比有哪些重要区别？如何给现代学生施以更有效的教育？教师的教育观念应当作怎样的调整和转变？等等。对这些问题如果知之甚少或不求甚解，那么与学生产生隔阂，造成师生关系紧张对立也就在所难免了。生长在开放时代的学生，无疑有着更强烈的民主平等意识和独立个性意识，面对教师错误的哪怕只是不当的教育方法，学生都会作出反应，甚至付诸行动。上文所述种种事件，便是明证。

第四节　建立新型师生关系，培养学生创新能力

美国创造力研究专家托兰斯认为：创新能力的发展，必须在自由而安全的气氛中才能进行。在学校音乐教学中培养学生的创新能力，我认为建立良好、积极的新型师生关系是其重要途径之一。传统的师生关系以教导和服从为特征，教师往往认为自己是教学的中心，是学生的教导者，因而会有意无意地维护自己在学生面前的权威感，这种做法压抑了学生以独创性和大胆质疑为特征的创造行为的发展。那么如何在音乐教学中建立良好、积极的新型师生关系呢？

一、给学生一个自由的空间，发展他们创造性的想象力

所谓自由就是尽量减少对学生的行为和思维的无谓限制，给他

们自由表现的机会。笔者认为音乐课应该是自由的，教师要给学生一个自由的空间，充分发展学生创造性的想象力。有的音乐教师对学生的坐姿态要求特别严格，手要怎么放，脚又不许怎么放等等。试想当学生一直在担心自己因坐得不好而挨批评的时候，怎么会对音乐产生共鸣呢？为此，我在一年级两个平行班做了这样一个实验：同样是认识打击乐器，在甲班上课时，我在音乐室的周围摆上了多种打击乐器，玻璃瓶、盛水的碗、筷子、家中摆设用的风铃等等，请学生自由去体验、去感受，结果学生很快地认识到了打击乐器的特点，有的小朋友还发现了碗是盛的水和音乐有关，还向我提了许多的问题：如能不能用风铃做成一个乐器等等；在乙班上课时，教师使用传统的讲授法，让他们端坐在位置上，然后拿出双响筒告诉学生这是什么，怎么演奏。尽管他们也知道了双响筒是什么东西、怎么演奏。但当我布置了任务：自制一种打击乐器（可以用空易拉罐装上沙子或者塑料瓶装上米粒）后，甲班交上来的除了教师提出的两种外，还有啤酒瓶盖用铁丝串起来的"串铃"，两个废旧自行车铃用绳串起来的"碰铃"，风铃铛上的铝条加一根小铁棒做成的"三角铁"等等，而乙班交上来的只有教师提示的那两种。可见以谁为主体的教学，其结果非常明显。

行为上的限制会造成这样的差异，思维上的限制对学生的创造性想象力的发挥，也同样有影响。比如在学习四川民歌《太阳出来喜洋洋》的歌词时，我要求学生并用故事的形式讲出来，而不是一字不差地朗读。当他们经过自由讨论后，各小组都讲出了很生动的各有特色的故事。在一组学生甚至还添上了樵夫手拿开山斧和虎豹斗争的情节，充分发挥了他们的想象力。

二、给学生一种安全的氛围，培养他们创造性的思维能力

思维是创造活动的认识支柱之一，培养学生创造性的思维能力，无疑是对学生进行创新教育的有效途径之一。所谓安全，就是不对学生的独特想法进行批评或挑剔，使他们消除对批评的顾虑，获得创造的安全感，敢于表达自己的见解。那么教师如何给学生营造一种安全的氛围呢？

首先，对学生表示诚恳的支持。这种支持表现为教师对学生的赞扬。因为奖励对创造性发展是强有力的刺激。但当学生的创造性行为出现了某种问题，并且对现状感到不满的时候，如果只是一味地赞扬，那将是不舒适的。此时恰当的评价才是一种诚恳的支持。例如，我们在巩固新歌时常用指名学生上台表演的形式，但教师对学生使用的方法是：愿意到台前来表演的不必举手，直接上来，要相信自己。这种方法比许多同学看一、两个学生表演效果要好得多，尤其对一般的学生。当然，这时也极可能出现一两个顽皮的同学借机捣乱，教师这时要进行恰当的批评，赞扬肯定大部分，点出一两个学生的错误行为，这样便可激发学生争取更好的表现和做出更新的创造性行为。

其次，给予学生应有的信任。即在承认学生具有可以开发的巨大的创造潜能的基础上，为他们提供充分的机会。在新歌教学中，我对于歌曲的感情处理总是让学生在细听范唱、认真学唱后，分组进行分析。如三年级上学期的《卖报歌》，学生非常熟悉，他们很快就会说出第一段要唱得天真活泼。第二段要稍慢，体现出小报童的痛苦生活。第三段回到原速，表示光明总会来到。此时只要教师稍

作小结就能达到教学目的。这种对学生的信任，增强了他们的自信心，培养了他们独立思维的能力。

三、还学生一个平等的地位，培养他们批判性的评价能力

评价能力的发展有利于创造性能力的发挥，教师要还学生一个平等的地位。

首先鼓励学生独立进行评价，比如在学习《鹅大哥》一课时，我问同学："鹅大哥会唱歌吗?"绝大部分同学说会，因为书上写着"唱着欢快的歌，"但有一个同学却说："鹅大哥不会唱歌，它只会叫。"显然大部分同学按照歌词的意思来回答，因为今年粮食大丰收，所以唱着欢快的歌。但那个有异议的同学的回答也不能简单否定，他们是三年级学生，还不太理解拟人的修辞手法，生活中接触到的鹅的确不会唱歌，只会叫，这是词不达意作家的一种写作方法。在音乐教学，即使一个细小的问题，也值得我们教师认真考虑，因为班上的每一位学生都有创造的才能，要公平地对待他们，让他们有提出异议的机会和权利，以此培养他们批判性的评价能力。

综上所述，建立自由、平等、安全的新型师生关系，必将有利于培养学生的创新能力。

第五节　在改革中形成新型师生关系

新一轮国家基础教育改革不仅在课程方面较原来有重大创新和

突破，而且对新型的师生关系的形成带来不可多得的机遇。

多少年来，教师与学生的关系一直被人看作是"一桶水"和"一杯水"的关系。教师要想给学生一杯水自己首先要有一桶水。这种质朴的早已被人们所接受了的师生观，在新课程中则越来越不适应。且不说教师"这桶水"的满与不满对学生"杯中水"的影响，单就教师"桶中水"的质量严重地影响到学生"杯中水"的质量而言，就足以让人们对这种师生关系产生怀疑。教师和学生的相处是人与人的相处。学生获取知识的渠道不仅仅来自教师，而是多元的、立体的、和学生的生活经历有关的多渠道知识。

长期以来形成的传统师生关系是一种不平等的关系，对学生的见解、新意，或有创造性的观点按教师的要求"格式化"。教师是中心，是至高无上的，而学生则被放在了次要的地位。这种主次关系严重地制约了学生的发展，尤其可悲的是这样的师生关系被人们长期接受，形成了一种约定俗成的定势。新课程的出现使这种旧陋的师生关系将被打破，师生在平等、互动的原则下成为教育教学中的共同体。

教师同学生在小组中合作共同完成学习的任务，学生的个体差异得到了互补，在相互的交流中形成互动，这种互动既有师生间的互动又有生生间的互动，包含着丰富和实用的合作文化，是走进新课程后在课堂教学中出现的一种全新的课程理念。它降低了教师在传授知识过程中的权威作用，凸现了教师的参与、指导和"首席官"的功能。

教师应尊重学生的人格，关注个别差异，满足不同学生的学习需要，创设能引导学生主动参与的教育环境，激发学生的学习积极性，培养学生掌握和运用知识的态度和能力，使每个学生都能得到充分的发展。师生关系如果仅仅停留在"严"与"从"上，必将长期制约学生的发展，压抑学生的需求。学生是人，学生是未成年人，学生是有潜力的人，学生是有主观能动性的人，学生是有差异的人，学生是终究要长大的人。要为学生的成长创设一个宽松、和谐的发展空间。

第八章　转变角色融入探究

第一节　转变教师角色

　　探究性学习方式致力于学生学习方式的变革，尊重学生的主体地位，使学生由知识的被动接收者转变成为知识的主动构建者，从而真正学会学习，新课程将教学的重点确定为以学生的发展为中心。要使农村中学语文探究性学习真正落到实处，语文教师必须具备现代语文教学新观念和最基本的职业素质。

　　这首先意味着新课程改革要求教师的角色应作如下转变：由执教者、管理者向学生学习的参与者、促进者和指导者转变。也就是说，教师不再作为知识的权威者出现，将预先组织好的知识体系传授给学生，而是充当指导者、合作者和参与者的角色，与学生共同经历知识探究的过程，着力培养学生的创新精神和实践能力，促进学生的全面发展。教师角色转变的理由取决于教学系统的转变，新课程改革中对新的教学系统做出了这样的表述："由重传递向重发展转变；由重统一规格教育向学生差异性教育转变；由重教师的'教'向重学生的'学'转变；由重结果向重过程转变；由单向信息交流向综合信息交流转变；由居高临下向平等融洽转变；由教学模式化向教学个性化转变。"由于教学的中心任务、教学方式、教学的规格、教学重点、教学实效、教学信息交换方式、教学双方关系以及教学模式这八个方面的转变，教师的角色变化势在必行。传统的教学中，教师曾是唯一的知识拥有者，学生是知识的接受者。教学是以教师、书本、课堂为中心。新课标明确指出教学应在师生平等对话的过程中进行，教师是学习活动的组织者和参与者。哲学家巴赫金认为，人与人之间应该是一种"对话"状态：即人与人之间应该是平等的关系，应该尊重对方，因为任何人都是有价值的。教学的目的在于帮助每一个学生进行有效的学习，使之按自己的兴趣得到尽可能充分的发展。在这种情况下，我们不妨思考一下：在何种情形下学生学得最好？这样一个问题，这对于我们如何在课堂中落实自主学习、合作学习与探究学习将很有帮助。在平时的语文课课堂教学中，我尽可能成为学生的"同学"。经常让学生辩解，教师倾听；学生演示，教师观察；学生提问，师生共辩；学生评价老师的行为……这样不断地鼓励学生敢于发表自己独立的见解，敢于向老师提问，向书本质疑。我以"同学"的身份，以充满信任的微笑，拉近教师与学生的距离。以赞许的话语，调动学生学习的积极性。在这样一种和谐氛围中，教师不再是权威的代表，而是激发学习兴趣、促使学生主动学习的良师益友。理想和现实存在着如此巨大差距，怎样改变？实施探究性学习可以成为一个突破口。在探究性学习中，教师不再摆出"师道尊严"的架势，站在学生的对立面居高临下地讲课，不再仅仅是"传道、授业、解惑"，教师和学生应是一种平等的关系。

教师是"平等中的首席"，否则，探究性学习就是无本之木、无源之水。教师角色的转变既是开展探究性学习的一种需要也能促进探究性学习的深入，教师是"平等中的首席"，教师角色在师生关系中被重新构建，从外在于学生情境转化为与这一情境共存。教学过程变成教师和学生的平等对话的过程，学生是主体，教师是组织者，组织学生质疑、调查、探究。教师应尊重每一位学生，关注学生的思维方式的差异，倾听每一位学生的不同意见，师生平等对话，人人积极参与，让课堂教学充满活力。

中小学教师要实现角色转变，应该注意以下几个方面：

（一）切实转变教育观念

思想上，教师要有更新自己知识结构的紧迫感，不断加强新课程学习，主动探讨适应中小学生具体情况的教学模式，构建全新的教育理念。观念上，摒弃过去对学生"分数决定一切"的看法，针对当代中小学生思辨能力差、缺少独立思考的依赖心理，要勇于创新，大胆改革，积极实践自主、合作、探究的教学和学习方式，不断提高自己的综合素质，与时俱进，与新课程一起成长。

（二）做学生"朋友"

由于中小学"师道尊严"的思想相对比较严重，要实践新课标要求的教师是"平等中的首席"，教师首先要放下"架子"，肯做学生的"朋友"。笔者对此作出如下建议：

1. 课堂上多走下讲台，以和蔼可亲的面容笑对学生

三尺讲台一向被视为是教师的神圣领地，教师的课堂教学任务几乎全是站在讲台上完成的，很少离开领地，进入学生中间。正是这种形式上的差异形成了不平等的师生地位：处在领地上的永远是有着至高无上权威的教师，永远是发号施令者，学生只有无条件地接受并执行。教师走下讲台，拉近的不但是空间的距离，更在学生心理上造成一种亲近感。呆板的面孔变成和蔼可亲的笑容，学生的畏惧心理自然减轻，师生就有了交流的基础。

2. 课下多与学生谈心，走进学生的内心世界

对中小学生的思想认识突变期的特点分析：学生的父母学识水

平不同，但大多受到传统思想影响十分严重。特别进入中学后，初步接触到社会知识，视野开阔了，青春期的叛逆心理，容易发生与传统思想的碰撞，产生很多迷惑，而又不善于交流，羞于向老师请教，自然产生很多思想包袱。中学生，刚从家门口的小学，升入初中或高中后，同学范围广了，并初步迈向生活和学习上的自理和自立，思想上的独立，自然产生了攀比意识。在此阶段，特别是对贫困家庭的孩子而言，容易产生自卑心理。尤其是农村中学的教师要深刻了解学生的这些特点，通过积极参与学生的各种活动，及时发现学生遇到的困难，了解学生品德、个性发展的状态，鼓励学生、欣赏学生，走进学生的内心世界，适时地指导学生获得解决问题的思路和方法，指导学生树立自信，提高学习效率。如果时间比较少，还可以通过作业交流，在学生的作文、日记中，教师多写几句鼓励的话语，如"发挥你书写的优势，全面提高你的能力"，"你的心灵如同你甜美的笑容，成功一定会青睐你的，加油！"等等，一定会温暖学生的心灵。

3. 建立与家长的长期联系，全面了解学生

现代的中学为了方便管理，学生大多是寄宿的，往往两周甚至一个月才回家一次，与家长几乎没有交流的机会，所以教师不但担负着教书育人的重任，更要做好学生生活上的良师益友。要想很好地完成这两项任务，教师应与家长建立长期的联系，定期与家长进行沟通交流，及时了解学生的情况，了解学生的家庭背景，有的放矢地指导学生，以弥补家庭教育的不足之处。家庭学校架起相互沟通的桥梁，关注学生成长，商讨教育策略，形成教育合力，使不良的社会因素无机可乘。但是学生主要的活动空间是在学校，因此教育教学的最主要任务必须由教师完成。作为教育者应尽其所能，为学生提供最好的受教育环境，使学生健康快乐地成长，不但有健康

的身体，更要有健康的头脑，为未来发展打下坚实基础，真正做到为家长解决后顾之忧，无愧于我们的神圣职责。

（三）多给学生机会，创设最佳学习环境

1. 给学生原汁原味的学习资源

"教材是范例"，是师生进行对话的"话题"的课程理念，是生命的自主性和创造性本质特征在课程实施中的反映。因此我们可以在吸收社会生活资源，提炼家庭生活素材，利用校园生活资源，还原教材生活资源四方面着手，对文本进行多元解读，给学生原汁原味的学习资源。具体在课堂上可利用书籍、报刊杂志等提供相应文字、图片资源，可由学生现身说法，让学生个体成为学习资源，可直接提供实物，可利用多媒体设备提供文本、图片、视频动态资源。原汁原味的学习资源就是形成生成式课堂的"原材料"。

2. 给学生学习探究的机会

教师是知识的传授者，学生是知识的接受者的观点已成为历史，在新课程的实施中实现师生互动。主要体现在知识目标的达成上，教师要考虑如何引导学生主动搜集相关信息，调动学生已有的知识与经验，引导学生感知教材、理解教材，形成观点，解决学生不知与知的矛盾，引发学生认知冲突，不仅让学生知道"做什么"，而且要使学生知道"为什么做"，要充分了解学生的"知"。

3. 给学生活动的机会

新修订的课程标准明确提出了实践性是其课程性质之一，增加了实践活动要求，这就需要给学生活动的机会。给学生活动的机会，就可更好地达成能力目标，我们引导学生学会外化知识，指导行为，付诸行动。要积极开展多种形式的社区服务、社会调查等实践活动。通过实践行动，提高调节行为的能力，进一步深化认知，坚定信念。要多深入了解学生的认知困惑和行为需要，以便引导和生成。在学生活动中，教师要善于倾听与发现，善于发现学生活动与问答中富有生成价值和意义的内容。

4. 给学生体验的机会

学生将学习过的知识应用到新的具体情境中去解决一些简单问题，可使学生有更好体验的机会。"纸上得来终觉浅"，学习绝对不能局限于书本，而要参与真正的生活。丰富多彩的课余活动是学生体验的重要阵地。教师要让学生学会设计利用好课余时间，要为学生提供更大体验空间。

5. 给学生合作的机会

新课程改革纲要明确指出，学生的合作精神与能力是重要的培养目标之一，学习要由独立完成走向协同合作，要求学生必须加强合作，学会合作，尤其是学会在分工的基础上的合作。教师要根据教学内容的目的、要求和学生的心理特点，运用一定的方法对学习小组进行知识目标导向和情趣引领，帮助小组顺利开展发现问题的研讨，同时要引导学生分工合作，从发现问题到解决问题，解决问题后又产生新的问题，使之成为一个动态生成的过程。要鼓励自由讨论，激发探究欲望。爱因斯坦曾说过："提出一个问题要比解决一个问题更重要。"苹果换苹果每人依旧是一个苹果、思想换思想每人有多个思想的道理众所周知，讨论的价值不仅在于能丰富学生的思想，更在于在讨论过程中能生成各种各样的能力。讨论不能停留在表面，不能流于形式。教师抛出几个问题，学生围绕问题交几个头，接几只耳，然后举几只手，不是新课程背景下的课堂讨论。例如：教师可以根据教学内容的重点、难点或学生容易出现的认识误区的地方，故意弄出错误来，让学生发现错误，提出纠正的建议，教师坚持错误，学生据理力争，教师最终"认输"并向学生道谢，所产生的效果就完全不一样，学生看不出老师在"装疯卖傻"的效果更不一样。

6. 给学生自主选择的机会

新课程要求坚持以学生发展为本，引导学生自主学习。在尊重学生个性和独特发展需要的基础上，着眼于每个学生的全面发展，不断开发学生的潜能，帮助他们形成终身学习的愿望和能力。就作业而言，传统的作业内容封闭僵化，脱离学生实际生活和社会生活，作业程式规范单一，强调机械训练，作业成了教师强加给学生的沉重负担。新课程作业已不再是课堂教学的附属，而是重建与提升课程意义的重要内容。学生不同，作业的内容、方法可因人而异，让作业真正成为学生自己的作业，即以学生为本的生成性作业，拓展学生学习能力。这样，作业可变成课程动态的生长性的延伸，变成课程意义重建与提升，变成学生自我知识建构的过程。

7. 给学生肯定自己的机会

自信是现代人的必备素质。而实行民主和关爱性质的评价可让学生学会肯定自己，让学生有更好的自信心。充分肯定学生，让学生学会多肯定自己是创设和谐、民主的生成式课堂教学氛围的关键因素。因此我们应抛弃原来教学中把考试分数多少视为唯一优劣标准的做法，把"只见分数不见人"及"非对即错"式的评价永远成为"过去时"。在实行正面肯定鼓励为主但不放弃批评的做法下，引导学生更好地肯定自己。"自主探索学习"的课堂教学模式，不仅丰富了课题的内涵，重视了学生自我意识的培养，激发学生的内在学习动机，为学生创设最佳学习的精神状态，而且重视学法指导，引导学生学会科学思维，帮助学生学会符合学习规律的学习方法，培养学生自主学习的能力，将有利于培养学生完整独立的人格，适应现代社会和个性发展的需要，真正体现变"教我学"为"我会学"的"自主探索学习"为核心目标的教育教学思想。

第二节　转变学生角色

学习方式是决定学习质量的重要环节。学生学习与发展好坏受多种因素制约，而主要因素是看其参与学习的方式，看这种方式的开展过程及学生的实践体验。实施语文探究性学习，使学生的地位从被动走向主动，教学模式从"先教后学"转向"先学后教"，这都是在育人的理念下发挥学生的主体性的一种推进。语文探究性学习要以学生的主体性为基本的立足点，笔者认为学生主动参与学习应包含如下层面：一是确立"我是学习的主人"的观念，不是教师随便灌输知识的器皿；二是养成独立思考的习惯，培养自主学习的能力；三是积极自主地参与教师的教学；四是读书而不"唯书"，尊师而不"唯师"。这样，学生学习的过程不应是消极的"等、靠、听、记"，而应是主动地去追求进步与发展，立足主体性，发挥能动性。这是学生学会学习、学会生存、学会创造的前提。在实践中，中小学确立学生的主体性地位，要特别注意这几个方面：

一、养成独立思考习惯

在新课程改革中，教材体例编排更加侧重于情感和思想内容的整合，而与之相配套的教和学都有了较大改变，更加侧重于培养学生的"自主、合作、探究"学习方式，而学生也正在努力转变为学习的主人。

有的学生学习很刻苦，但是成效不大。究其原因，他们仍然像以前的传统方式一样，只是机械地记住书本上的知识，使大脑成为知识的仓库，而根本没有经过自己的思考，这样的做法是不足取的。我国古代伟大的教育家孔子说："学而不思则罔，思而不学则殆。"这是对学和思的关系所做的极为精辟的论述，学习和思考两者不可偏废，特别是在当前改革的背景下，具备独立思考的良好习惯尤为重要。

养成独立思考的习惯是发展学生创新思维和实现探究性学习的前提。爱因斯坦曾说过："发展独立思考和独立判断的一般能力，应放在教育的首位，而不应当把获得知识放在首位。"爱因斯坦的精辟论述阐述了独立思考的重要作用，养成独立思考的良好习惯，是使人们发现新的知识，通向成功之路不可缺少的桥梁。善于独立思考的人，是不唯书，不唯上，非常自信的人。只有在学习和生活中善于独立思考，才能开出智慧的奇葩。在学习上独立思考，其实质就是在学习知识的过程中要真正经过自己头脑的消化，即经过知识的内化过程。当然，学习的过程中的机械记忆和模仿有时也是必不可少的，但学习的最终目的是要将知识转化成自己的东西，这就要求经过自己的一番思考。如果不能独立思考，人云亦云，那就不知会飘向何方，也不可能形成自己的独到见解。

独立思考需要一定的知识作基础。假如脑袋里一片空白，任凭你绞尽脑汁如何独立思考，也是不会思考出什么结果来的。人们需要对前人文化遗产取其精华，去其糟粕，方能进行独立思考，在前人取得的成果基础上，有所创造，形成自己的观点。因此，对于我们中学生来说，最重要的就是学习一切有用的知识，在此基础上培养自己的独立思考的良好习惯。如何使学生养成独立思考的良好习惯呢？

1. 明确重要性，产生热情

尽管现行教育制度极力提倡素质教育的重要性，但中高考指挥棒的导向作用依然是当前教育的缺陷，这就导致了绝大部分学生无需独立思考，只要死记硬背，照样能取得较好的成绩。因此，许多学生普遍认为独立思考是没有任何用途的事情。作为教师，应针对学生的错误认识摆事实，讲道理，让学生真正懂得独立思考的意义，鼓励学生养成主动独立思考的能力，逐步养成独立思考的良好习惯。

2. 培养怀疑精神，鼓励大胆质疑

古人云："学贵知疑，小疑则小进，大疑则大进。"独立思考的能力首先表现在怀疑的精神上。谁不迷信权威，勇于与传统的观念决裂，敢于提出新问题、新思想、新方法，谁就能作出创造性的发现。在教学过程中，使学生逐渐树立"不唯书、不唯上"的精神，不断提高学生的批判性思维能力。

建立在仔细观察和深刻思考基础上的质疑精神是对好奇心的推进。只有善于发现问题和提出问题的人才能产生创造的冲动。怀疑精神的具体表现，就是敢于质疑。质疑是指对习以为常的看似没有问题的地方产生疑问。在教学中教师要积极保护学生的好奇心和求知欲，想方设法解决他们心中的疑问。即使是学生提出古怪的疑问也不应该急于否定，要及时地对学生的问题作出积极的评价，以强化学生的质疑意识。鼓励学生大胆质疑，寻根究底，启发诱导学生积极思维，发表独立见解。作为老师，在课堂教学时还应该注意从疑入手，巧设悬念，启发学生思维，要让学生会疑，就应该教育学生不应一味迷信课本及权威，而应主动探索，大胆怀疑前人之说。中学语文教材中即使是名家作品也会有不准确的地方，因此我们应鼓励学生合理地"钻牛角尖"，发现问题，通过交流讨论，辨明是非。

创新能力是一个人综合素质的最好体现，或者说是一个人综合素质的核心。中共中央、国务院有关推进素质教育的决定强调指出：素质教育应"以培养学生的创新精神和实践能力为重点"。学生的创造力主要体现在具有较强的创造性思维能力。要提高学生的创造力，教师在教学中就应该注意采用多种多样的教学手段，培养他们的创造性思维能力。

（1）创设民主、宽松、和谐的学习氛围

目前，许多教师在教学中仅仅着眼于创造技法的训练，偏重于智力训练或思维训练，而忽视了轻松的学习心理氛围的创设。实际上课堂教学不仅是师生之间知识信息的传递，更是师生之间情感的交流。现代心理学研究表明：那种明朗的、乐观的心情，是思想海洋中充满生机的激流；而郁郁寡欢、万马齐喑的苦闷心情，则抑制人的思维活动。从这一点来说，教师要充分利用情感力量，建立民主、平等、互相促进的师生关系，创设一个愉悦自信、宽松自如的氛围，让学生能够在这种氛围中迸射出智慧的火花。

（2）培养学生的理性思维能力

很多语文教师认为语文学科是以形象思维为主，是一门渗透着强烈感情的学科，因而，强调老师要善于感染学生，学生要在学习过程中去感悟。而认为方法是死的，教学生死的方法，会把语文课教得枯燥无味、毫无生气、毫无乐趣。其实，这种观点比较片面。语文课重视熏陶感染，这当然是对的，但是仅有熏陶感染是不够的。语文教学还应该有一个从感性认识过程上升到理性思辨的过程。教师要善于根据教学内容的特点，引导学生总结如何获得某一类知识或能力的方法。只有这样，学生才能闻一知百，触类旁通。不错，方法是死的，但人是活的，我们如果把死的方法灵活运用得像玩魔术一样，才能提高语文的教学效率，才能最后实现"教是为了不教"的目标。

我们在学生学习过程中应该提倡个性化阅读，即学生对所读的书籍应当会形成自己的看法，千人千面，仁者见仁，智者见智，可以定期或不定期举办某本书，或某类书的研讨会，研讨会的主角是学生自己，让学生把在读书中所得到的感悟发表出来。比如读《三国演义》，关于曹操这个人物形象，有的学生对曹操推崇有加，有的却对他全盘否定，于是两派唇枪舌战，各不相让。这种讨论的过程是一个思维训练的过程，更是一种自主阅读能力的提高过程。这种语文学习方式，没有灌输，只有拿来，没有固定的答案提供，只有自己独立的思考，可以说为学生找到了最好的语文学习课堂与语文学习方式。

(3) 培养学生的发散思维能力

发散思维能力的培养，主要是教会学生去多角度地思考问题，以得到多种设想、方案或结论。例如：语文学习中的问题大多不像理科问题答案那样具有唯一性，它应该是丰富多彩的，而能否多角度思考，关键是看能否打破思维定势，敏捷而灵活地思考问题。教师在教学中要积极引导学生发展求异思维，发表自己的独特见解。如对"滥竽充数"这一词语，通常人们批判的是不学无术的南郭先生，我在教学中则引导学生多角度思考，学生作文中写出了"不学无术的南郭先生固然可恨，但如果没有齐宣王的独特嗜好，而选拔乐师的机构又能严格把关，又怎会使他轻易混进乐队呢？更进一步想，如果齐宣王能少听一点音乐，多重视一点国家大事，使百姓务正业，南郭先生混不下去了，未必就不能'浪子回头'，重新做人。"这样的立意真是令人耳目一新。传统的教学方法是老师问，学生答；学生无法回答老师就亮出答案，学生答得不好老师就给予纠正，学生答得圆满老师给予表扬；老师不提问，学生不知道思考什么，老师不给予评价，学生不知道答得有没有价值。这种定型化的教学模式被布卢姆称之为目前教育制度中最浪费和最有危害的一种。材料只是个例子，内容只是学习的客体，最高的境界不是把学生教得没有问题，而是把本来没有问题的学生教得缠满了问题。美国的布鲁巴克认为："最精湛的教学艺术所遵循的最高准则就是让学生自己提出问题。"学生学会提问，学会自己发现问题，学生自主地解决问题，才是摆脱传统教育的一剂良药，也是开启学生自主性学习的一把"金钥匙"。

老师在教学活动中要注重引导学生在范例分析中展示观点，在价值冲突中识别观点，在比较鉴别中确认观点，在探究活动中提炼观点；进而有效地提高学生理解问题、分析问题和解决问题的能力。中小学有些学生由于习惯于授受式学习而养成了"等、靠、听、记"的依赖心理，又盲目遵从教师的权威，缺少独立思考，无法主动独立去探究知识，形成自己的能力。语文探究性学习的前提必须是学生学习自主性的提高，让学生坚信能力不是靠教师"讲"出来的，而是学生自己"读"和探讨出来的，只有学生自己"读"出来的能力，才能成为真正意义上的"自主"，变"要我学"为"我要学"。在教师的鼓励、赏识下，首先克服"我不敢、我不行、我办不到"的畏难心理，相信自己能行。其次，积极深入思考，敢于对老师的"标准答案"大胆质疑，提出自己的问题或看法，抛弃遵从依赖心理，逐渐养成独立思考的习惯。

二、做学习的主人

　　传统的课堂，教师讲，学生听，是天经地义的事情。学生个体在语文教学中所扮演的角色，要么是"填鸭式"的鸭，要么是"牵牛式"的牛，学生不是主动探究，而是被动接受。当教师的教学行为方式改变之后，学生也应相应地改变自己的学习方式，不再只是被动地倾听教师讲解，被动地回答教师的提问，而是积极主动参与教师的教学过程。在教师的启发引导下，学生的学习应由过去的封闭、单向接受的方式向自由、多向交流的探究性学习的方向转变。要想发展探究性学习，就要求充分发挥学生的自主性，以学生为主体，让学生真正成为学习的主人。学生可以充分发表自己的意见，不以任何人的意见为标准。学生在整个探究学习活动过程中都处在一种紧张、积极、活跃、兴奋的状态，从发现问题到提出问题，再到分析问题，最终解决问题无不渗透着他们的辛勤劳动和积极思考。学生是教育的主体，更是学习的主体、实践的主体、探究的主体。

　　在角色观念上，学生是主角，教师是支持者、帮助者。在教学中要"着力培养积极进取、自强不息、独立思考、勇于创造的主体精神"，教师要尽一切可能把学习的时间、空间还给学生，把学习的机会、愉悦还给学生，充分调动学生的主体性、积极性、创造性。新课程积极倡导自主、合作、探究的学习方式，就是要变被动的接受学习为主动的探究学习，要让学生成为学习的主人，学会自主学习。还提出教师的主导作用绝对不应该因为提倡学生的自主学习而削弱，而是要尽可能地给予有力的指导、引导、辅导、诱导，使学生的学习成为有效的学习、高效的学习。叶圣陶先生也曾经说过："教是为了不教"。教，一方面是指教师在教学过程中充分发挥主导作用，引导学生学习知识；一方面是教师教给学生求得这些知识的方法，使学生逐渐摆脱教师的搀扶，自己走路，达到教是为了不教的目的。这就要求教师在教学中，要充分发挥学生的主体性和主动性，努力为学生创设一种主动探究、积极进取、宽松愉悦的良好氛围，从而培养学生自主学习的能力。

1. 指引课前预习，培养自学能力

教师要培养学生的自学能力，就要切实加强学法的指导。对学法的指导应力求具体明确，不仅要教会学生掌握具体的学习方法，更重要的是要教会学生根据具体的学习内容的特点和自身的条件来选择学习方法，调控学习过程，提高学习效率。在上课之前，教师可要求学生进行超前预习，在预习中自读先知，激发自学兴趣。为了让学生有的放矢，教师就要让学生明确预习的方法，这就需要精心设计一个"预习提纲"，为学生做好自学的拐杖，在自主学习中起到"扶"的作用。教师通过预习提纲帮助学生了解、熟悉教材的内容，从而发挥教师"导"的作用。例如可设如下预习提纲：①字词娱乐城。让学生在读课文的过程中，把自己喜欢的词语抄写下来，并弄懂它的音、形、义，以便学生之间互相交流。②句段赏析园。要求学生在自学课文时，把自己喜欢的句子或段落找出来，做个记号，并在旁边注上体会，进行朗读交流。③问题小王国。让学生把在学习中有疑问的提出来，提的问题比较好的打上"对号"，不断鼓励学生提出有价值的问题来。④创作展示台。让学生提出有创新的点子，如在预习《狐假虎威》中，有的学生提出要把课文排演成课本剧；有的学生提出要召开动物批判大会，批判狐狸的狡猾，批判老虎的愚笨；有的学生提出要续编故事，《老虎第二次受骗》、《老虎不再受骗》等等。对提出好点子的要及时加以鼓励，小心呵护学生的创新热情。这样，让学生通过预习，自主探索，感知语言，自己去发现问题，提出问题，然后通过反馈、评价、矫正等解决问题，使学生体味到自学中成功的愉悦感、自豪感，不断强化自学的兴趣，引发探究的精神。

2. 渲染课堂情境，增强主体意识

有趣的导课，是变"要我学"为"我要学"的重要一步。教师除了用亲切和蔼的教态，生动、形象、富有启发性的语言去亲近学生、感染学生外，还要注意借助多种形式，对课堂情境进行渲染，激起他们的情感愉悦，激励他们的求知欲望，充分调动学生的思维积极性和学习主动性，增强学生的主体意识。如教学《植物妈妈有办法》这一课，可采用假想旅行的方式导入新课。播放轻松的乐曲，展现美丽的郊外风景图，一群活泼可爱的蒲公英在微风的吹拂下纷纷出发去旅行，把学生带入了课文的特定情境，引起了学生的学习兴趣，使学生产生了强烈的求知欲望。再如教学《十里长街送总理》时，课前要求学生搜集有关周总理爱人民的资料，使学生对周总理光辉的一生有所了解。上课时，通过互相交流，周总理在学生心目中的地位就更加崇高了。而在这时，配着低沉的乐曲教师富有感情地说："这样的好总理却离我们而去了，人们的心情是多么沉痛。"而后放起"人们送总理"的录相，把学生引入了课文情境中。学生情感融融洽洽，学得积极，学得主动，学得轻松。

3. 营造宽松氛围，激发自主探索

爱因斯坦说："提出一个问题，往往比解决一个问题更重要。"教学前，让学生在预习中质疑能培养独立阅读能力；教学时，让学生质疑问难，能发展思维能力；教学后，让学生再质疑解疑，能开拓阅读的广度和深度。教师要培养学生敢于"质疑"的意识，就得消除学生心中的自卑、畏惧、紧张等心理。在教学过程中，要建立民主、平等的师生关系，营造宽松、和谐的教学环境，促进师生之间的情感交流，缩短师生之间的距离，使学生战胜"恐惧"或"自卑"心理，树立自信心，获得主动参与质疑问难的勇气。教师还要给学生创设"质疑"的时空，可通过设疑形成"问题"空间，促使学生为"问题"而思，为"问题"而问，为"问题"而学，为"问题"而创。在教学各环节中都要留有学生"质疑"的时间，增强学生的主体意识。如教学《田忌赛马》一文时，在让学生交流彼此间知道比赛双方的一些信息后，可引导学生思考：第二场、第三场比赛为什么能转败为胜？学生带着问题学习新课，又在学习中提出新的问题，还有其他能转败为胜的办法吗？如果齐威王也调换了马的顺序怎么办……通过质疑，巧妙地引导学生畅所欲言、各抒己见，在热烈的讨论中解疑，有利于培养学生的自主意识，提高学生的自学能力。

4. 创设辩论空间，挖掘创新潜能

课堂探究式教学重要的是培养学生的自主学习的能力，开拓学生的创新思维。马克思曾经说过："真理是由争论确立的。"如果教师"唯权威至上"、"唯常规至上"，紧紧盯住参考书上的标准答案，就会熄灭学生的创新火花。学生的内在潜能是巨大的，教师要努力创设更多的机会,让学生放开手脚,摆脱束缚,积极参与,大胆发表与众不同的观点,给学生发展创造的天地。如教学《董存瑞舍身炸暗堡》一文时,学生在"董存瑞放炸药包"这一环节上争论开了,有的同学说,董存瑞可以不用手托起炸药包,可用绳子把炸药包绑在河沿上。"没有绳子!"别的同学马上反驳。这时,又有同学提出,可用衣服、皮带或裤腿上的绑带做绳子。是啊,绳子的问题解决了,多有创新意识。"不行!时间已经来不及了!我军已经开始冲锋,如果暗堡不炸,我军可能会全军覆没。"有的同学立即争辩……这样在辩论中学生加深了对课文内容的理解,又激发了学生的独立思考及求异创新能力。

三、养成良好品格

合作精神、团队精神是每个人取得成功的关键。现在的中小学,迫于升学压力,多数学生整天埋头苦干,学习上形成了单打独斗的习惯,较少出现大规模的交流与合作。实施探究性学习,教师应把互动的中心更多地聚焦在生生之间关系的拓展上,提供一个有利于人际沟通与合作的良好空间。为了完成探究任务,小组内的成员要学会合作以及与小组外人士(如指导教师)的沟通合作,要有团队精神,要学会交流和分享研究的信息、创意和成果,学生必须由独立学习者转变为合作学习者。

探究性学习需要学生们合作,按照一定规则开展讨论,准确地与他人交流,向别人解释自己的看法,倾听别人的想法,审视自己的观点,获得正确的认识,学会相互接纳、赞赏、分享、互助,否则就只能产生盲从、人云亦云，从而在理智上缺乏独立性、自主性。因此，具有合作交流倾听的心理，有助于学生养成良好的品格。让学生克服依赖、自卑的心理，在参与过程中获智，在亲身体验中认识，在独立探索中成长，在自主发展中成熟。正如学生的心声"只是告诉我，我会忘记；只是演示给我，我会记住；如果让我参与其中，我就会明白"。教师通过培养学生自主学习的习惯，激发学生内在驱动力，使学生获得探究问题、解决问题、发展能力的愉悦，从而促使学生的精神境界、个体品德、个人学科素养得到完整的提升。在这样一个提升过程中，学生独特的体验、感受和理解得到充分的尊重和爱护，师生在共同探讨、平等对话的心理基础上完成教学。基于此，笔者认为新课程背景下新型师生关系中，教师首先要把学生当作人，当作一个发展中的人，而且要认识到学生是教学中的主人和中心，教师只是处于组织、引导、帮助和服务的地位。教师的作用主要是通过创设科学合理的情境，调动学生学习的主动性、积极性，并加以适时、适当的指导。并不是教师讲过的才算学生学过，相反，若教师能通过不讲或少讲能使学生掌握知识，这样的课才是真正的好课。其次，教师要从"师道尊严"的约束中走出来，走到学生中去和他们一起探讨学习，共同研究问题，交流思想，做学生学习的合作者、引导者和参与者，因为教学过程是师生交往、共同发展的互动过程，交往意味着人人参与，意味着平等对话，走进学生的内心世界，师生形成一个真正的"学习共同体"。

第九章 教学中开展探究性学习实践探索

第一节 基本原则

我们以课堂教学为主阵地，对学科教学中开展探究性学习进行了实践与探索。那么，应该遵循哪些基本原则呢？

1. 整体性原则

作为学校的教育工作者，首先要把学生学习方式的变革置于学校课程改革的核心地位，从整体上规划课程。具体体现在：一要从横向上把握学校课程结构，明确探究性学习在不同课程中的比重及目标。二要从纵向上把握探究性学习在学校课程改革中的总目标、学科课程改革目标、学段课程改革目标。

贯彻整体性原则的重要意义还在于在学科教学中开展探究性学习既有利于突破学校课程改革中的瓶颈问题，又能促进以专题探究性学习为主的校本课程走上开放化、规范化的发展之路。

2. 协调性原则

首先，抓住学科课程教学的基本要素整合研究，以改变过去仅仅从课程实施上寻找方法，而套用陈旧的学科课程目标、课程资源、课程结构、课程管理、课程评价这种狭窄的改革模式。所以，必须以学科课程标准为凭借，结合学校实际，明确各个学科的课程目标、学段目标、学期目标；明确本校课程资源有哪些，哪些是显性资源和隐性资源，还需要开发哪些资源如虚拟网站来满足学生开展学科探究的需要；除了以课本为课堂探究性学习的凭借外，还可以开展哪些学科背景下的专题活动，它们之间的侧重点有什么不同，有何联系？在课程实施过程中，如何加强教研组这个基本单元的建设，如何开展全校的校本研究活动，如何开展学习评价改革，教师的备教辅改考评常规工作如何协调、高效？

这里实则有两个层面的课程要素要协调：一是学校层面的课程要素，二是学科层面的课程要素。仅仅从课程管理要素本身看，要协调的有学校课程管理、学科课程管理、教研组课程管理、教师课程管理几个层面。从教师课程管理本身看，有学科教学计划、课型教学计划、年段教学计划、学年教学计划、学期教学计划、单元教学计划（或每月、每周教学计划）等。

运用协调性原则，有助于教师明确每一节课的教学目标、教学内容、教学模式与策略。当然，在每一节课中也要协调好预设与生成中三维目标与其他基本教学要素的关系。

其次，协调性原则还体现在课堂教学中师生关系的协调、生生关系的协调，注重全体学生的发展和学生的全面发展。特别是在探究与合作中要协调不同层面的学生获得机会、得到指导和发展自我。

3. 主体性原则

一是要体现学科主体，正确把握探究性学习是一种理念、一种途径与方法，其目的是转变学生被动式学习方式，改变学生学习方法的定向思维，培养学生自主、合作探究式学习方式、态度、精神。

二是要体现教师在教学中的主导作用。其目的是发挥教师的引导与点拨作用，实现师生互动，建立新型师生关系。

三是要体现学生是学习的主人，敢于探究与交流，做到会学、乐学，并"学以致用"，符合人的发展、社会发展的需要。

4．实践性原则

美国著名数学教育家 G・波利亚明确指出："学习任何东西，最好的途径是自己去发现"。中国古代的王夫之在王阳明提出的"知行合一"的基础上进一步倡导"行先知后，知行并进"的命题。这些都强调了学习的实践性。因此，探究性学习的实践性原则主要体现在开展具有学科性质的探究活动，让学生的各种感官充分参与，以增强学生的感性体验，激发学生个性的发挥，从而转变传统的师讲生听的被动式学习方式。

5．创新性原则

这一原则鼓励教师与学生在学习中实现有个性的见解和有创意的做法：

（1）提倡把文本作为学习的媒介

学校、教师应从学情出发，站在课程标准的高度去看待每一学年、每一阶段和每一节课的教学目标，要敢于打破已有的知识序列，把教材当作是课程资源的一部分，灵活地使用和处理教材；要敢于打破传统的教学模式，把课堂当作师生共同探究的学习场合，形成自己教学风格和多样化学习方式。在探究性学习过程中，教师的角色转变体现在从教材知识的传授者，转变为课程资源的开发者和使用者。

学生应结合自我探究实践深钻文本，从而借助文本表达自己的观点，在合作交流中升华体验。在探究性学习过程中，学生角色转变体现在从教材知识的接受者，转变为学习资源的研究者和使用者。

（2）以问题探究为线索

教育教学实践表明：任何创新都源于问题。实施以创新精神和实践能力为重点的探究性学习，着眼点还是改变学生的学习方式。

以"问题解决作为探究性学习的线索"是探究性学习的主要特征。因此，让学生带着问题学习，凡事多问几个为什么，善于思考，勤于思考，求新求异，不墨守成规、人云亦云。

第二节　模式与策略

一、紧扣目标，创设情境

探究性学习十分注重学生基于一个真实的学习背景中去实践与探究。探究性学习所创设的情景有利于引发学生的学习兴趣，有利于引出整体性的任务。教学设计不仅要考虑教学目标，还要把情景创设看作是教学设计中最重要的内容之一。那么，在学科探究性学习中创设情景应注意：

其一，教师运用真情实感去创设具有真实意义的情景，必须把握好情景的创设与学生认知水平的贴近点，与学生情感产生的贴近点，这样才能在较短的时间内激发学生的学习兴趣。如教师在语文课堂上谈《水浒传》，莫过于放一段电影剪辑，引发学生已有的感受；要让学生在艺术课中感受春雨声，不妨到大自然去聆听春雨，亲身感受一下大自然中的春雨交响曲。

其二，情景的创设必须围绕学科课程目标，围绕本册、本单元、本课教学目标，并伴随学生学习探究的整个过程。

不同学科的侧重点是不同的。以《鲸》这一课题为例，在语文课本中，它是一篇说明文，探究说明方法并转化应用是本课的重点。而在自然课中，它重在了解有关鲸的知识，拓展学生的知识面，形成尊重事实、善于质疑的科学态度。因此，在语文课堂中，教师可以创设这样的情景：海洋生物馆即将举办鲸的知识展，想聘请解说员。并通过演示大海中虎鲸与须鲸喷潮的真实情景，让学生描述鲸喷潮的现象，看谁解说得真实、形象、生动。再请学生评一评他们介绍得怎么样，好在哪里？这样，激起了学生学习课文内容（即鲸的知识展中需介绍的内容），探讨说明方法（即怎样解说得真实、生动、形象）的探究兴趣。那么，学生学习评价的目标是能否运用说明方法把鲸的知识解说得生动、形象。而在自然课堂中，教师可这样创设情景：演示大海中虎鲸与须鲸喷潮的真实情景，激发学生探究鲸的兴趣。鉴于学生对鲸的知识了解得并不多，教师提出：这节课咱们举行有关鲸的知识比赛，有兴趣吗？接下来，第一轮是小组内的知识赛（学习内容：以课本为主、由有限的课本内容扩展到课外知识。学生浏览与鲸相关的书籍。通过演讲看谁围绕感兴趣的问题获取的知识最多，其他学生可进行质疑形成互动）。学生会从演讲中、质疑中、倾听中发现很多新的问题。这样，产生共同探究兴趣的学生进一步查找资料、讨论合作，形成成果汇报；针对其他小组的提问，进行答辩，以养成学生发现问题、分析问题、解决问题的能力与培养实事求是的科学态度，这也是老师引导学生评价的目标。（参考张芳执教课例《鲸》，该课曾获湖北省小语赛课一等奖第三名。）

其三，教师创设情景时，切忌过早地下结论，以防止禁锢学生的思维。因此，必须注意语言的童趣性、感染性、激励性，与学生交流时能随机应变，以较好地驾驭教学情境的发展走向，与学生平等交流，共同碰撞出思维的火花。

二、结合实际，任务驱动

（一）以任务驱动的方式进入探究。

在学科探究性学习中，"任务"具有不同于传统教学的特点和意义。首先，它具有实际意义，是真实的或接近真实的，能引发学生主动探索的欲望。其次，任务与学习目标是紧密地联系在一起的，既有学科性又有开放性，既有基础性又有延伸性，既有整体性又有部分性。引导学生围绕学科教学目标，围绕问题情景，学会提出问题。这样，课堂教学效率将大大提高。引导学生围绕情境提出问题的主要方法有：

1. 由表及里，提出问题。如语文学科《滥竽充数》：南郭先生为什么在齐宣王面前能滥竽充数，而遇到齐威王就溜之大吉了呢？

2. 循因问果，提出问题。如思品学科《专心听讲》：小猫们不听猫老师讲老鼠的诀窍，不练本领，最后，猫王国会是怎样的呢？

3. 抓住矛盾之处，提出问题。如科学学科《热的传导》：酒精灯烧试管，可试管的小蝌蚪仍然游来游去。为什么"烧"不死小蝌蚪呢？

4. 抓住空白之处提出问题。任何文章或作品不管表现得如何全面、生动、具体，总会留有一些"空白"和不确定的东西需要学习者通过思考、想象去丰富和补充。抓住这些空白之处提出问题，往往是学生创新的开始。如艺术学科中指导学生欣赏《快乐的啰嗦》时，先通过各种形式让学生感受彝族人民载歌载舞的欢快情景，再就歌曲、舞蹈感兴趣的某一方面谈谈自己的发现（即艺术的空白之处提出问题）。这与传统音乐教学中老师常提出的问题（如这首歌曲的情绪怎么样？歌曲分几个部分？旋律、节奏都有什么特点等）相比，充分地体现了自主性和探究性。（参考唐琼音乐课《快乐的啰嗦》）

5. 抓住事物之间的联系点提出问题。如数学学科《乘法应用题和常见的数量关系》：课前要求学生到商场、农贸市场先购买以下物品，然后再购买一至二种自己喜欢的生活物品或学习用品。根据购买物品的情况填调查表。课中，引导学生一列一列地观察，并思考：你填的这些数量在数学里叫做什么（单价、数量、总价）？再想一想，这三者之间有什么关系？

玩具飞机	每架（　）元	买了（　）架	共用（　）元
大白菜	每千克（　）角	买了（　）千克	共用（　）元
铅　笔	每支（　）角	买了（　）支	共用（　）元
……			

6. 联系自己的亲身经历，联系自己在广播、电视、电影院、电脑、书籍中，在生活中看到、听到的见闻，提出问题。如老师请学生把书包打开后，说说书包里装得最多的东西是什么？学生可以结合自己的活动实际提出问题。

生1：一个小学生一天要用多少张纸？一个学期呢？一年呢？

生2：纸张有大有小，所以用张作单位不准确，用重量单位千克、克作单位计算的话，最科学。

生3：一个三口之家一天，一个月，一年的用纸量分别是多少千克？

生4：报社、印刷厂的用纸量是不是在各行各业中最大的？那么，它们一天、一个月、一年的耗纸量是多少？

生5：我国森林一天、一个月、一年的减少率是多少？相反，森林的再植率又是多少？

生6：我，一天、一个月、一年可以节约的纸张量是多少？

生7：造纸给自然界，给我们的生活到底造成多大污染，对人的身体有多大的危害？电视、报纸上报道的造纸污染最后是怎样解决的？

生8：能不能制造出一种可以替代纸，既对环境没有污染，又对人体无害的物质？

生9：什么是再生纸？它和以前我们常用的纸有什么不一样？（参考张芳社会课《纸》）

7. 围绕情境，从问题中发现问题。即能围绕情境抓住他人提出的问题，换个角度提出问题；也可以从他人问题中发现闪光点或不足而提出新的问题。这就要求学生能认真听取别人的发言，不仅要学会横向、纵向、反向地思考问题，还要学会辩证地思考问题。引导学生围绕情境，从问题中发现问题的常见方法有：

（1）从一个大问题中发现一个小问题，或一些小问题中发现大问题（或共性的问题）

（2）从一个问题与另一个问题的对比或综合中发现新的问题

（3）由一个问题的对立面而产生新问题

（4）由一个问题进行横向、纵向的联想产生新问题等等

如作文起始课上，同学们兴趣盎然地谈论着即将到来的端午节。

生1：我想了解端午节有哪些习俗？

生2：端午节为什么要吃粽子？粽子的包法以及粽子有哪些种类？

师：真不错！能从一个大问题中发现一些小问题。

生3：我想回到湖南老家去感受端午节划龙舟比赛的热烈场面，

探究一下端午节与划龙舟之间到底有什么联系？

师：由一个习俗联想到另一个习俗，而且去亲身感受是最好不过了。

生4：端午节是怎么来的？

生5：屈原与端午节的由来有没有联系？

生6：伍子胥与端午节的由来有没有联系？

生7：我想了解有关端午节的一些神话传说，端午节的由来是不是与它们有关？

师：能把别人的问题综合起来分析，发现新的问题，真聪明！

生8：我想上网调查一下海外华人过不过端午节？如果过端午节，那他们是怎样过的？

生9：我小时候，家里并不过端午节，这几年才过端午节。因此，我想探究一下原因。

生10：现在人们的生活水平都提高了，过端午节的方式到底有哪些变化呢？

师：能结合生活实际提出问题，很好！

生11：我认为现在并不像他们想象的那样人人都过端午节。因此，我想调查一下有多少人重视端午节，多少人不大重视端午节，多少人根本不过端午节？原因是什么？

师：从大家都探讨怎样过端午节而联想到有些人不过端午节的问题，刚才这位同学也很会提出问题。

……（参考常丹小学作文课《情系端午节》，该课例曾获全国一等奖）

（二）在探究时要引出大任务、小任务

在探究性学习中，情境、问题的真实性，因而使得"任务"具有实际意义。学生提出各种各样的问题，如果不进行疏理，将会使整个学科教学陷入无序的状态，给学生的交流、合作及意义建构带来困难。建构主义主张给学生完整的任务，产生任务驱动，那么，我们就要把学生杂而无序的问题，或与教学内容联系不紧密的问题进行梳理，形成整体任务（即大任务），再根据教学内容和学生实际，把整体任务分成若干个子任务（即小任务），进行自主探究学习。

例1：科学学科《鸟》一课，同学们分组活动，观察自己带来的鸟儿，看看教师提供的鸟标本和其他动物标本。在观察、讨论中，同学们提出了许许多多的问题：

为什么鸟的羽毛，有的色泽鲜艳，有的颜色不鲜艳？会飞的动物都是鸟吗？为什么鸭子的味与鸡的味不一样？企鹅是不是鸟？是不是所有的鸟都生鸟蛋，孵小鸟？爪子是不是鸟的共同特征？可不可以把鸟分成食虫类、食肉类、食谷类？……针对学生提出的形形色色的问题，老师引导学生抓住刚才讨论的焦点：味、羽毛、翅膀、爪子、生育方式，梳理出主要问题，从而形成这节课的整体任务：鸟到底具备哪些共同特征？（气味、羽毛、翅膀、爪子、生鸟蛋是不是鸟的共同特征？）这个整体任务也就是这节课的学习内容。接着，各小组根据老师的建议，把整体任务分成若干个子任务（也就是以上所讨论的主要焦点），并选择最感兴趣的内容进行探究：①是不是所有的鸟都有羽毛？②有翅膀的动物都是鸟吗？③味是不是鸟的共同特征？④爪子是不是鸟的共同特征？⑤所有的鸟都生鸟蛋、孵小鸟？通过探究，学生不但会找到鸟类的共同特征，而且会发现不同鸟的味、羽毛、爪子、生育方式都因生活环境、生活习性的不同而有差别，还会发现羽毛是鸟类区别于其他动物最重要的特征。（参考熊芳小学科学课《鸟的王国》，该课曾获湖北省赛课一等奖。）

例2：数学学科《有余数的除法》。一教师请同桌把带来的水果放在桌上平均分，并编出算式。由于学生只学了整除的方法，因此编的都是能被 2 整除的除式。然后，老师有目的地请 9 个小组（变成 4 人一组）分别摆上 4，5，6，7，8，9，10，11，12 个水果，提出了整体性的任务：把桌上的水果平均分，并列出算式，以此发现有余数的除法。其实，这位教师在提出整体任务的同时，又给了各小组不同的子任务。（参考张漫小学数学《有余数的除法》，该课获湖北省赛课一等奖）

　　以上我们不难看出，任务必须围绕学科目标进行。此外，任务还必须注意阶段性。如果学生的任务过大、过空，学生将很难达到预期效果，无法完成学科教学目标和发展目标。低年级学生适合很直观的、原始性的任务，如观察小鸡怎样吃米？中年级学生适合较直观的、较复杂的任务，如养一两只小鸡，观察它们的生活习性。高年级可以尝试稍微抽象一些的、复杂些的任务，如观察研究小鸡处在不同场景中的思维判断能力等。

　　建构主义主张给学生一些任务，激发学生自主探究、合作学习的兴趣和动机。为了解决这一任务，学生必须分析完成任务的条件和途径，并对研究学习的过程进行计划。

三、自主尝试，探究实践

　　当前，我国教学改革如火如荼，但很多教学改革仍以帮助学生理解和掌握课本知识为着眼点，未提升到"使学生会学习，会创新"的发展目标上来。教师在教学过程中，重视学习的结果而忽视学习的过程。实际上，学生仍处于知识学习的接受状态。

　　组织实践部分将以大量实例说明：在学科教学的探究性学习中，以探究、实践为基础，以知识为桥梁，注重学生学习实践的过程而不单单是结果，注重激发学生审美情感和个性感悟而不单单是标准答案，它以培养学生的实践活动和创新意识为中心。在这里，教师是学生探究、实践活动的组织者、指导者、协作者，而不是学生书本学习的传授者和权威者；在教学活动中，活动的组织和展开突出一个"动"字，贯穿一个"趣"字，体现一个"创"字，书本知识的学习生活化，枯燥的知识趣味化，学习具有探究性与创新性。

四、反思拓展意义建构

在以接受式为主的学习中，由于教师是学习的主体，学生始终处于接受状态，那么教师对课本知识的归纳、总结，相对于学生主动建构在实践探究中获得的知识、体验来说，缺乏实践性、开放性、丰富性、拓展性。而学生在实践探究过程中，获得的知识是鲜活的，感受到的情趣是深刻的，学会的方法是多样的……最重要的是学生从中获得的终生学习、做人、做事的方法。在封闭式课堂中，我们看到的教学目标不是为了学生意义建构，而是知识的多少，我们经常看到这样的场景：

教师提问："这节课我们学到了什么？"很快，教室里小手如林。当教师对第一个学生说："不对！"时，孩子叹口气坐下，一丝紧张开始进入教室气氛之中。当教师对第二个学生说："不对！"时，孩子失望地无声坐下，教室里举起的手明显少多了。教师叫一个自认为成绩好的学生回答完后，摇头："有点接近了，但不完全对！"在这种情形下，教师们要么直接说出标准答案，要么一直等到有学生答对为止。这就是以应试教育为背景的，也很常见的课堂环境，即以对错论英雄。事实上，无论是对知识本身，还是对学习本质而言，并不存在简单的对与错。

所谓意义建构，就是学习者通过新旧知识经验之间的相互作用，通过主动探究，对所学知识意义的主动建构，而"生成"自己知识与体验的过程。这里，主要指的是学生在主动探究中反思交流，进行同化顺应，产生顿悟，形成整体认知的过程。

当我们以意义建构来定位我们的课堂时，课堂则充满了生命的活力，特别是孩子经历了在具体的情境中去发现问题、分析问题的过程。

如在我们的课堂反思交流进行意义建构的环节中，老师们通常会问："敢于提出与别人不同的观点，非常有创见！那么你是怎样得出这个答案的呢？"、"你是从哪些方面看出来的，能详细地说说吗？"、"你从课内的学习方法想到了课外的学习习惯，确实很会学习！你认为你的方法有哪些优点呢？"

通常，我们应该试着引导孩子们围绕自己提出的问题来反思自我学习的过程，思考自己的问题是否得到解决，并且是如何解决的。如果没有解决，会是哪些原因造成的，有哪些改进的途径和方法。再看以下案例：

巩固练习过后，师问："这节课，你学到了什么？"

生1：贴动物。

生2：贴水果。

生3：贴的本领。

生4：贴纸工。（教师神情开始焦急起来。继续点学生。）

生5：大象的生日。

生6：学到了许多知识。（一丝欣喜和轻松跃上了教师的眉目）

师：那么，学到了什么知识呀？

生7：学会了贴的知识。（教师马上指着黑板的板书。）

师：看这里，是什么知识呀？

生8：学会了排一排。

生9：学会了分一分。

生 10：学会了数一数。（教师点头）

师：这些都是什么知识呢？

生沉默。

师：这些都是统计的知识，我们一起来读一读。（参考盛嵘的《质疑课后小结》）

教师的困惑是：为什么学生不能沿着教师的意图来小结？低年级的数学课有没有必要让孩子来归纳小结所学的数学知识？课堂小结是否一定要围绕知识点进行？

从本课中我们不难发现：该教师提出"为什么学生不能沿着教师的意图来小结？"我们可以这样反问："是否需要学生按照老师的意图来小结？""如果需要，本课教学在哪些环节或策略还存在着问题，致使学生不能按照老师（或者说《课程标准》对本课的学习要求）进行小结？"

事实上，学生在前面的学习探究过程中，原有的知识结构已经在不知不觉地被打破，不断进行新的建构。但这些建构一般是零散的、隐性的，不为学生所知的。而本环节的意义建构是一个反思交流的过程，促进学生自我认知、自我评价，并在合作交流、学习拓展中提升自我。同时，也是教师自我反思、调整策略的一个过程。

第三节　实践的反思

一、要处理好接受式和探究式教学之间的关系

记得研究最初的阶段，大家普遍认为要探究式就必须摒弃接受

式的一元对立论而忐忑不安，这种简单思维曾一度影响了我们的工作。探深层次原因，要面对陌生的不知所以然的教学要求，还要批判已经熟悉的操作方式，这让习惯了教教材与传授知识的老师们无所适从。为此，从骨干引路到问题研讨，从全员动员到自己试水，特别是老师们在头脑风暴中、在实践反思中有了新发现后，兴趣开始替代埋怨，进而明晰了两者的历史存在性和现实需求性，逐步深入到如何在学科教学实践中运用探究性学习。

1. 从历史的角度，明确了两者是一个继承与创新的发展过程

接受式学习在特定历史时期的大班额教学规模中发挥了很大的作用。但是，人们越来越发现它容易忽视学生学习需求和个性特长，因而往往偏离教学方向，导致学生兴趣不高，这些问题是有目共睹的。而探究性学习立足学生学习实践能力和创新意识的培养，关注学生学习过程中的思维方法、经验与兴趣，既是个体成人的基本需要，更是信息社会的迫切需要。对探究性学习本质的思考，老师们已达成共识。

我们在实践中发现，探究性学习注重学生经历学习思维的过程与认知情感的体验，比接受式学习更具吸引力：容易唤起孩子学习的需要，吸引孩子主动去学习求知，培养孩子尊重知识、科学求实的态度。特别是基于任务驱动的学习过程和认知体验，能很好地把课内学习和课外拓展结合起来。这些都是传统学科课程中的接受式学习难以达成的。

2. 从实践的角度，明确了两者是相对独立的教学方式，更是互相融合的教学过程

在课堂实践中，老师们经历了研究的仿徨期、豁朗期。探究性学习一开始就受到了学生的欢迎，但是往往耗时长、教学目标难以到位，出现学生踊跃发言而教师架空甚至学生在探究活动需要深入

时不知所以然而教师束手无策的局面。对于学生来说，什么课型有探究价值、拓展空间、探究工具等，就需要教师为学生找准最近发展区，指导学生以探究性学习为主，如科学活动类、人物评判类、知识辨析类、网络操作类、剧本表演类等适合学生探究体验；从学生出发，哪些课型在衔接前后单元时需要一定的认知支架、探求新知需要背景资料的铺垫、本课学习不具备相关时空或工具等就需要教师以严密的逻辑来设计接受式学习，如时代背景分析、与概念相关的概念、科学操作的基本要求等。运用什么教学方式，还要看具体的教学情境，对于没有进行过探究式学习的学生或教师来说，盲目地进行探究性教学，教学效果肯定是不理想的。从此意义来看，教学方式的独立运用需要从实际需要出发。

事实上，对于一节课来说，要完成教学目标，完全靠探究式学习也不行。围绕学科教学目标，如果每个细节内容都进行探究的话，是不大现实的。毕竟对任务多的课堂来说，课时是不允许的。因此，教研组会以探究性学习为主，落实学生主体地位，体现教师主导作用，进行教学方式相结合的探讨。如教学《长征》，老师们改变了过去串讲诗词的做法，而是讲解长征背景抛出认知支架，引导学生结合所学的长征故事去探究诗人是怎样借助意象来表情达意的。这节课就较好地把长征背景资料的接受式学习和借助故事探究诗词的探究性学习紧密地结合起来了。因此，两者也是一个相融合的教学过程。

那么，为促进教师深入地把握探究性学习的本质，我们把研训有机地统一起来。实验初，以系统的通识性培训为主；实验中，以问题为载体的研训方式，老师们需要什么我们就研究什么、学习什么。为了配合教师学习研训工作，我指导学校制定了教师发展计划：从教师一般技能到学科技能的考核培训、从每周训练内容到训练量的拓展、从教师技能展示到专题交流的深入，促进了教师自我研修与学校整体研修协调发展的点面互促局面形成。

人们常常以为年轻教师对探究性学习的适应速度快，而我们在探索中发现，有经验的中老年师，虽年龄偏大，只要思维活跃，一定会更快地把握探究性教学的规律。他们的体验是，探究性学习给每个孩子提供了经历的机会、探索的空间。教学是教服务于学，其根本在于学，只有学真实地展现在面前，教师才知道自己真正教得怎么样，从而更好地调控教学，有助于大面积达到教学目标。其次，学的动态生成和多样化，实则是减轻了教师的教学压力，有助于教学效率提升。因此，我们认为青年教师上岗之初，以接受式教学为主掌握教学知识和教学设计的逻辑性，注重预设的有效性和生成的反思性，这样更有利于教师的成长。

二、要处理好学生探究和教师探究之间的关系

教师发展和评价一直是学校的瓶颈问题，甚至很多学校在师资方面花费了大量的人力和物力，然收效甚微。主要原因还是没有明确教师发展与学生发展之间的密切联系。我们的研究体会是以学促教、教学相长：

1. 教师探究是探究性学习的前提，学生探究是目标

即立足于学生的学，教师首先要探究学习目标、资源、环节、策略、管理、评价等教学诸要素。与传统教学所不同的是，这些要素必须具体，有层次性和发展性。教师绝对不能停留在按照教材、教参去教，而要认真地分析学情，一是学习基础，二是学习需求，三是学习兴趣与认知规律。特别是要预设学习过程中学情的发展，预设教学目标、相关资源和教学策略以满足学的需求，否则无法指

导学生探究或者只能让探究性学习流于形式。教师课前探究的过程就是现代教学设计论中所强调的教学预设创新。因此，教师探究是为了学生探究这个目标来的，教是为了学。从教学预设这个意义上看，教师与学生都能得到发展。

2. 师生探究是结果，更是过程

教学的根本是促进学生的发展，那么对于一所学校来说，教师发展是关键。那么，从教学生成意义看，学生在探究学习过程中的动态生成同样会促进教师的动态生成，教师与学生协调发展。从质量互换的马克思主义哲学观出发，"结果"与"过程"互为因果，在一定条件下互相转化。因此，在学科探究性学习中，教师学生的阶段发展是过程的自然结果或状态反映，又是新的过程延续。

反思老师们的实践过程，以教学目标为重点发现了目标是教学的起点，是过程，也是终点。分析探究性学习课堂中，面对真实的情境师生们往往会束手无策的问题，是因为在教学预设中老师们习惯于套用教参，忽视了从学情出发去整合三维目标，使之具体、准确。首先，在教学预设时，只有把握新课程三维目标中学生主体、学习动因、学习条件和学习程度基本要素，才能准确具体地定位目标。因为过程与方法、目标维度与传统目标的定位是不一样的，如关注学生经历与体验、兴趣与接受、追求与养成等经历水平、反映水平、领悟水平等表现性目标。其次，在教学环节与组织中，情境创设、任务驱动、师生互动、意义建构必须紧扣学习目标进行，并围绕教学目标的生成不断调整教学策略。再者，教学结果也必须根据预设目标和生成目标来看学生学习的广度、深度、有效度。

针对以上实践具体推进策略是：在常规管理中以学术组和教研组为中心，以问题解决为重点，以叙事（课例、案例等）研究为主要研究形式，开展专题课堂观察，引领教师、骨干（组长、主任）、校长不同层面的主体意识发挥及角色的自我认同感。

今后，还需作持续的研究是如何使基于问题解决的、平等和谐式的，呈螺旋推进的专题教研制度或即时性的问题研讨文化形成每一个教育工作者的自觉行为、每一次教研活动的自然效应。

三、要处理好探究性学习与地方课程、校本课程的关系

针对很多学校三级课程管理脱节，探究性学习方式的研究仅仅停留于优质课、竞赛课层面的实际情况，我在研究中引导学校始终以探究性学习为新课程改革的核心，作为学校课程改革的一根红线贯穿于课程管理和实施之中，使学校课程系统化。

1. 定位探究性学习目标，课程之间相互独立，目标不一

即明确了探究性学习在学校培养人才中的目标和地位，在完全开放式的探究型课程（地方课程《安全教育》、二级校本课程《主题探究》）、学科开放式的拓展型课程（一级校本课程）、学科课程（国家课程）中开展探究性学习侧重点不同，以学习方法为线索，以主题探究课程逐级推动拓展型课程、学科课程中探究性学习方式的研究。

2. 明确不同学段目标，相互融合，注重衔接

即探索明确不同学段探究性学习的目标：低段以激发学生探究学习兴趣为主；中段以感知探究的基本方法为主，如学会围绕专题搜集资料、学会和人一起提出问题、分析问题，学会倾听和表达等，突出探究习惯的养成；高段以情境中学会解决问题为主，突出探究方法和能力的形成。那么，根据学生需求，从学科课程中的教学内容到拓展型课程中学习专题的探究，又促进了学科课程的学习。围绕主题探究型课程的探究学习更需要学科课程和拓展课程的知识和

经验作铺垫。这样，三级课程之间围绕探究性学习又形成了一条教学资源线索。为此，根据不同课程的需要，我们在课程资源方面形成了校本特色，如主题探究资源有《九年义务教育学生指导用书——研究性学习》，拓展型课程资源有《古诗文诵读》、《航模制作与操控》、《生活中的数学故事与探究》、《体育游戏》、《我的活动我做主——活动设计》等。

在实践操作中，学校在教师任课管理上做了一些尝试，每位教师除了负责学科课堂教学外，必须每周设计一个拓展型课程专题进行教学；小班教师（语数教师课时量不足）每周开展一次主题探究性学习活动，可以和该班班主任协商，根据需要整合学习时间。学校定期考核教学情况、调研学生（家长）反馈、检测教学效果，以评促教。其次，通过每月一次的专题论坛活动加强了不同课程教师的交流，增强了教师对不同课程的执行能力，使学校三级课程有机地融合起来。

第十章　从教学中开展探究式教学策略

第一节　学生阅读与教师讲读

　　阅读教学是中学语文教学的重要组成部分，它和写作教学共同构成中学语文教学的基本内容。因此语文教师要想培养学生探究性能力，就必须关注阅读。阅读教学在中学语文教学以至整个中学教育阶段都有重要地位。语文课是中学教育的基础，学生必须具有一定的阅读能力，才能逐渐领会、理解课文及其他阅读材料的意义，进而去学习写作技能。在语文课与其他课程的关系中，作为基本智力技能的阅读能力，必然影响到中学其他课程的学习。中学语文教学的内容包括阅读教学、写作教学、语文基础知识教学、课外阅读、写作活动等。在实际教学中，阅读教学是语文课堂教学的主要部分，也是语文课外学习的主要方式和内容，同时占据了最多的教学时数，因此，必须加大气力研究阅读教学的一些问题，笔者就此谈谈几点建议与方法。

一、提高学生阅读能力

　　阅读能力对于学生听、读、写的能力直接相关。听、说能力是人的文化修养水平的一种标志，而准确、恰当、优美的言辞往往来源于阅读，阅读材料往往同时综合了书面语和口头语的精华。同时，学生的习作，主要是从模仿范文开始的，认真阅读和大量阅读，才能从阅读材料中汲取与写作有关的营养。因此，多读是传统的语文教学经验。多读应从质和量两方面来理解。语文教学中的多读，首先是多读课文。对一篇语文认真读、反复读和大量读之间，常会形成矛盾。由于学生课业繁重，时间紧，往往无法掌握两者之间的关系。这就要求语文教师根据学生具体情况和教学经验，根据不同的阅读目的和任务，根据不同的阅读材料性质，采用不同的阅读方法。在众多的阅读方法中，教师的精力应倾注于精读、略读和速读能力的培养、训练上，使学生具备最基本的阅读能力，能理解、会运用、有速度，这就是提高学生阅读能力的核心目标。

二、学生的精读和教师的讲读密切结合

精读教学的目的在于培养学生独立有效的阅读能力，切实解决读什么和怎样读的问题。因此精读既是教师的指导过程，又是学生调动自己的学习过程，教与学在精读中的恰当结合，将调动学生的主动性和创造性，有利于学生发展思维、培养阅读能力。语文阅读教学中，精读和讲读往往紧密地结合在一起，实际上是以一篇带动多篇。讲读课文作为阅读教学的主要方式，必须介绍与课文相关的资料和信息，以多篇来丰富一篇。这是扩大阅读范围、丰富学生知识、提升学生自我探究能力的重要方法。在实际教学中，可以考虑这样几种方法：

（1）在教学记叙性课文时，介绍一些有关的理论性论述，以使学生从理论的高度去认识和理解这些记叙文。

（2）在教读理论文章时，可介绍一些生动、有趣、新鲜的具体材料。如教《隆中对》时，可引导学生阅读《三国演义》部分章节，使学生从诸葛亮的传奇事迹、人格精神和历史地位的角度对《隆中对》产生深厚兴趣。并引发学生自学的欲望，达到自我探究故事情节的目的。

（3）介绍与课文有关的作者、时代材料。如读《鸿门宴》前，给学生介绍一些楚汉之争的历史材料，使学生深入感受文中的历史关键时刻紧张气氛和历史人物的气质。读法国作家都德的《最后一课》时，可介绍普法战争历史与现实主义文学的概况，使学生对本段历史产生浓厚兴趣，并愿意接受自我研究学习的方式，这样能使学生更加明确作家与生活、文学与历史之间的关系对于作品的意义。

（4）介绍与课文分析讲解有关的材料，以加强讲读作用，让学生在讲读前参考阅读，用少量的时间来完成大量的讲读内容，并培养学生的自读能力和对老师讲解内容的独立理解能力。如教马克·吐温的《竞选州长》时，都可以让学生自己研读讲解材料，并提出问题，解决问题。

（5）要求学生对课文知识进行扩充，让学生自己查找资料，使学生可以更加完整、丰富并利用综合知识去理解和学习课文，并达到自我探究学习的效果。知识具有连续性和相关性，知识间的相互触发和联结，可以使知识自身滚雪球似的不断扩大、丰富，阅读教学本身实际上就具有这样的目的。如教《为了忘却的纪念》时，可以介绍"左联"五烈士简况以及文中鲁迅提到的《思旧赋》中又有许多不易懂的地方，引导学生对其钻研，可增加新的知识。又如苏秦、张仪对合纵与连横的不同看法，学生需要了解苏秦、张仪的情况，可引导学生阅读《史记》中的片断，使学生的知识扩展到新的领域，并对课文产生强烈兴趣。补充阅读材料的来源很多，可利用现成书籍，可介绍书刊篇目，可剪贴、张贴，可印发材料，可在课外进行抄录。阅读方法也可灵活多样，可要求全班必读，也可由学生选读，可安排在课内读，也可安排在课外读，还可组织部分学生阅读后向大家介绍。这种阅读教学方法不一定篇篇如此，但根据情况适当施教，确有实效。

教师在教学中应注意加强学生精读训练，培养良好阅读习惯。阅读教学中，讲读和朗读都是为了精读。精读是读深、读透，深入理解，究其精髓，融会贯通，透彻内化。精读要求从内容到形式、从整体到部分对课文进行分析、概括、比较、揣摩、咀嚼、寻求并掌握知识规律。最终培养学生自觉形成自我或协作研究的学习习惯。

在具体教学过程中，教师应着重指导阅读方法，根据学生阅读时有的浮光掠影而不够扎实，有的不能融会贯通而不够灵活的情况，教师应要求学生在阅读过程中勤于动笔，划要点、编提纲、摘佳句、作批注、写心得等，在读书的同时动笔，可以使阅读细、深、透、活一些。也可以帮助学生能够学会独立完成对文章的探究并理解文章。学生养成自我或协作阅读的习惯，不但有利于语文教学，而且有利于整个中学基础教育。我们知道，人的大脑具有四方面功能：观察与感受——接受信息；储存与记忆——收集整理感觉材料；判断与思维——评价信息；想象与创造——以独特的方式综合信息。同时阅读时动笔，将手脑活动与思、看、记配合在一起，可以有效地同时开发大脑四方面功能。只读不想、不记，会耗损思想机器。精读过程中又应具体抓好细读和朗读的训练：

1. 细读。精读过程中的总览、细读、复读三环节中，细读最为重要。细读时应利用各种符号和简便的文学参考工具书和辅导资料，圈点批注的符号不必象标点符号那样标准化，各人可根据自己的习惯选用不同的方式。一般细读的符号方式有这样一些：

（1）用序码和段落符号。在自然段前标明序码，有利于学生清理阅读思路和课文的绘声绘色层次，为编写阅读提纲做初步准备。

（2）划线。在重要句子下面划线使其醒目突出，以便于思考和记忆。

（3）划着重号。在重要词语和提示性词语下加着重号，也起简明提示作用。

（4）划箭头。对某些句与句之间的关系和句子成分间的关系、对句子的含义起提示作用。

（5）划括号。对文章中意义的说明部分或结构的特殊联结部分，用括号标示，以理清文章线索。圈点批注用来辅助阅读，应从实际需要出发，用于文章中的重点、难点及关键性字名。如不分主次，随意圈点，会适得其反。

编写阅读提要同样是进行细读的重要方面。

一篇文章总要由几个部分来组成整体，每部分中又包含段落和层次。把每部分、段落、层次的基本内容按序排列提示，有助于提纲挈领。阅读时可编写各种提要，如段落结构提要、人物描写提要、景物描写提要、情节发展提要、论点论据提要等。阅读提要可以从整体到部分、从部分到整体地研究和理清文章脉络，掌握文章中心，对于深入理解和牢固记忆很有帮助。学生能否编写出阅读提纲，实际上反映他们能否读懂课文，而教师指导编写提纲，也是在帮助他们读懂课文。此外，细读还应做摘记、写读书笔记，应该慢读、分读。由于细读需做各种工作，实际上是一个探究性的复杂的阅读阶段，也不是一遍就能完成的，细读本身可能就要重复多遍，才能找出文章应该圈点批注、摘记提要的部分。因此，在完成上述的标注后，应该要求学生设法解决其中问题，或向其他同学提出问题由同学自我解决。如仍无法解决，教师应启发式地引导学生自己解决问题。

2. 朗读。阅读教学应该强调朗读。语言就是思想和情感的表达，朗读是思想和情感在发声。学好语言，其实是在学习思想和情感表达与呈现，因此要学好语言，一定要加强朗读，以掌握思想和情感的表达力度与层次。一篇词汇丰富、语言精彩的文章，如果只是默不作声地看，很难体会到其思想和情感的力度与层次，自然也就难以真正掌握表现这些思想和情感的语言。如果能反复朗读，朗朗上口，那么书本上的思想和情感才能灵动起来，语言也才真正能鲜活起来，并将它们真正变成自己的。一旦要用这些语言时，它们自然就会奔涌而至。通过朗读，朗读者把文章中蕴含的思想倾向、人格态度、感情色彩，都转化为自己的理解和感受，运用声韵、语调、语态、语节等构成各自独特的语流和语势，将语言的词句和篇章整体、要旨和具体表述、意味和感情色彩通过朗读加以沟通，融合一体，使朗读者既受到感染又锻炼了语言表现能力和思维反映能力，检查学生对课文的理解程度、感情倾向和认识水平，并把文章中的信息以自己的方式传递给他人，感染他人，感染自己，使自己融入文章，引发对文章的兴趣，从而愿意甚至是渴望学习文章，那时便会产生一股强大的力量推动学生去理解文章。

正确的朗读方式，可以帮助对课文的理解，通过朗读，声音、章句、层次、中心、义理、感情、神韵、训诂都容易融会贯通而加以理解。一篇精读课文，除讲读外，朗读非常重要，反复朗读，对深入理解课文的思想内容与表现方式有很大帮助，在反复朗读过程中，由于朗读者要随着字句的发声而贯注自己的态度，实际上是在对课文一遍遍进行意义挖掘，因此，课文的意义会随着朗读而逐次呈现其面貌。

在朗读教学中，可先让学生朗读，以了解学生的读音是否正确、句读是否清楚、意义是否理解。在朗读正确、清楚的基础上，才能要求学生对文章进行理论化和感情化、艺术性和表演性处理。在朗读教学中，教师的范读、领读、放录音都是必要的，但最终目的还是让学生自己能够在较高层次上朗读。

朗读训练过程的掌握是朗读教学的基础。激发阅读兴趣是阅读教学的起点，范读在这里是关键性的。选择正确的范读方式，可以由朗读将整个课文教学过程一气呵成，融为一体，深深吸引住学生，见出实效。如有的教师在《皇帝的新装》一课中所作的练习就很能引起学生的兴趣。其教学过程是：

①分角色朗读全文以增强语言形象感染力

②讨论：皇帝为什么受骗，以启发学生分析能力

③联想：用笔画出最后一个场面

④编剧：根据自己绘画编写话剧，完整再现全部故事情节

⑤演出：在新年晚会上表演

这个教学过程通过朗读的带动激发了学生学习语文的积极性，能够一举完成多种训练任务，是非常生动有效的阅读教学。大多数中学语文教学传统势力大，应试教育根深蒂固，学生学习状态较为被动。访谈中许多教师也认为阅读教学中实施探究性学习，就是学生积极回答教师提出的一系列问题，但这些依靠机械记忆加上下文的简单联系就能获得答案的问题是谈不上探究的。探究性阅读教学应是学生在教师的指导下，从问题或任务出发，通过形式多样的探究活动，研读语文学习中的现象，以获得知识和技能、培养情感体验为目的的学习方式。在阅读探究学习中，学生不是对知识的简单陈述或程式化的练习，而是面对具有一定挑战性的问题或任务，通过自主的、多样化的探究活动来解决问题或完成任务，全面提高语

文素养。

第二节　培养学生的问题意识

新一轮课程改革不是仅把原来的教学大纲换成课程标准，换换教材，而是要从根本上改变学生的学习方式，培养学生的探究性学习能力。其核心任务是：改变原有单一的、被动的学习方式，建立和形成发挥学生主体性的多样化的学习方式，促进学生在教师指导下富有个性的学习。自主探究学习就是这样的一种新的学习方式，它是在教学条件下学生的高品质的学习。人的思维开始于问题，学生的思维也是伴随着层出不穷的问题而展开的。教学的最终目标就是教会学生学习，即"授之以渔"，教会学生自己提出问题、解决问题。那种"教师问、学生答"的所谓"启发式"教学，往往把学生当作应声虫，长此下去，不仅压抑了学生的主体性，还阻碍了学生创新思维的发展。因此对于数学教学，教师不能包办一切，要在"导"上做文章，引导学生质疑问难，鼓励学生有所创见，启发学生主动提出问题、解决问题。学生在解决问题时，只要有一丝创新，哪怕并不完善，也要给予鼓励。因为只有当学生真正成为学习中的探究者，才能在主动探究问题的过程中撞击出智慧的火花，才能逐步形成创新能力。培养学生的创新能力，首要一点应当培养学生的"问题意识"，以培养学生的探究性能力。

一、教师要善于设计真实、复杂、具有挑战性、开放性的问题，引导学生参与探究、思考，在解决问题中学习。

现代思维科学认为，思维过程起源于问题的形成和确定，任何思维过程总是指向于某一具体问题，没有问题，思维就成了无源之水，无本之木。长期以来，学生已经习惯了老师问、学生答，老师讲、学生听的学习方式，学生往往不知道为什么要解决这些问题，解决这些问题又有什么用，这主要是因为有些问题设计没有真实性、开放性和探究性。事实上，由于每个学生的智力、基础知识的差异，生活经验与环境的不同，即使同样的问题，他们的思维方式、采取的手段和方法也是有差异的，教师的统一讲解不能满足学生的需求，有时会适得其反，学生的学习兴趣会被扼杀，学习的潜能也从中受到抑制，更谈不上学习的自主性。

在教学中，教师应根据教学内容，联系学生的生活实际，创设问题情境，把学生置于问题情境中，提出符合个性发展的问题，促使学生带着问题去学习，让学生通过主动的尝试和探索历经解决问题的过程。

二、教师要引导学生在学习实践活动中，自己去发现问题、提出问题。

爱因斯坦说过："提出一个问题比解决一个问题更为重要。"因为提出问题需要创造力和想象力。在教学过程中，不仅教师要提问，还要让学生发现问题、提出问题。教师要创设各种条件，使学生敢于提问题，善于提问题，提出好问题。

教学中，教师就要有意识创设问题情境，引发学生质疑的兴趣，以趣生疑，由疑点燃他们思维的火花，使之产生好奇，由好奇引发需要，由需要而积极思考，进而不断发现问题，提出问题。

语文探究性学习始于问题的提出，著名教育家陶行知先生说过发明千千万，起点是一问；爱因斯坦说："提出一个问题往往比解决一个问题更重要"。难怪有人讽刺现在的中国教育，说学生进学校是个"问号"，但出学校就成了"句号"。西方学者认为，中国学生可以很好地回答教师提出的问题，但自己却不会提问题，或提不出问题。"应该说，这种现象在广大农村中学更为突出。原因一是长期以来受应试教育的影响，教师讲授，学生被动接受，课堂上，学生只是回答老师提出的问题，导致农村学生的问题意识淡薄，唯书唯教，比较被动，但这并不意味着农村学生没有提问的愿望，有的学生可能碍于教师的权威，不敢提出自己的疑惑，或是碍于自己的面子，怕同学嘲笑等不愿提出自己的疑惑。其二，农村学生由于学习资源相对缺乏，农村生活环境与教材中展现的生活容易产生隔膜，因而似乎不知道怎样提出问题，或是提出的问题过于肤浅，没有讨论探究的必要。因此，中学阅读教学中实施探究性学习必须从基础开始，尤其是农村教育，先培养学生的问题意识，促使学生积极思考，善于发问，从学生的疑惑开始探究讨论，使课堂充满活力，让学生在轻松愉快的气氛中获得知识，提高语文能力。针对各地区的中小学生的认知水平和学情，在语文阅读教学中进行探究的问题应当具有以下特点：

1. 难度适中

在阅读教学中所探究的问题应该源于学生的先前经验且高于学

生的先前经验，使学生在原有知识的基础上，通过自身努力和教师的指导，能够完成探究任务。问题过难或过易，都将不利于学生对此方法的掌握以及对此问题的理解。教师设计的问题应具有一定的启发意义，不能为问而问，总是提一些毫无启发性的"短平快"问题。甚至有些教师为了实施启发式教学，变"满堂灌"为"满堂问"，一堂课几乎全是教师习惯性的提问，表面上学生思维很活跃，其实一个个简单肤浅的问题就像一条条无形的绳索，禁锢着学生思维的拓展，让学生的思维始终在教师预设的台阶上前行，这样就很难真正提高学生独立地提出问题、分析问题和解决问题的能力。这种"满堂问"的授课方式，究其实质还是"满堂灌"。例如学生在学习朱自清的《背影》时，先让学生提出自己的疑惑，然后师生共同设计探究问题，例如：

（1）口述父亲过铁道买橘子的过程。在这段文字中，哪些词句最富于表现力？为什么？

（2）课文最后又写到父亲的背影，有什么作用？

（3）课文写作者一见父亲的背影就流泪，这是什么原因？

学生通过思考这些问题，在小组内进行讨论，对整篇文章要较清楚地了解。写背影的词句最富于表现力。先写看见父亲的服装，勾画了一个大体的外貌。写他平地走路，就用了"蹒跚"，可见步履的不便。从月台下去，只写了"慢慢探身下去"，用"探"字动作写得很准确。最精彩的一笔是写他怎样爬上去。两手的动作用一个"攀"字，那高度显示了，攀的吃力可以想象；两脚的动作用一个"缩"字，把怎样爬法写得更细致了。又点出他爬的困难，"他肥胖的身子向左微倾，显出努力的样子"，这一动作描写，细腻而简练，给人一个过程的动态，调动读者的想象力去丰富这种形象，确实是栩栩如生。文章最后写儿子在晶莹的泪光中，又看见了父亲的背影。

应该说，儿子这时意念中的背影，并不单单是父亲往日背影的再现，而且还包含着老年父亲的影子，这个背影，寄托了儿子对父亲深沉的思念。写这个背影的作用，是加深了读者对全文的印象，深化了文章的主题思想。作者一见父亲的背影就忍不住流泪，这是因为从背影看到了慈父的形象，看到慈父的至情至善、爱子如命，这是感动之泪；同时看到父亲的处境艰难，在逆境中挣扎，对父亲同情和挚爱，这是伤心之泪。再如，学习艾青的《大堰河——我的保姆》一课时，师生可共同讨论，提出下列问题：

（1）这首诗撷取了大堰河生活的哪些片段作为抒情的依托？是怎么组织这些片段的？

（2）诗中的"我"是谁？怎样理解诗中的"我"？

（3）诗中的大堰河是个怎样的人物形象？试加以分析。

（4）本诗主要运用了哪些表达技巧来表现主题、抒发情感的。
同学们通过对这些问题的讨论探究，把握了诗人塑造的大堰河这一形象，深入理解了诗人表达的思想感情，进而把握了全诗感人的艺术魅力。

2．要有相当的真实性

真实性是指所探究的问题应该尽可能地来自于学生的真实生活经验。这种真实性问题有利于打破中学一贯实行的以课堂为中心的传统教学模式，让学生关注社会，培养学生的社会责任感。例如，在"学会感恩"专题阅读中，笔者要求学生给自己的母校写一封信，通过给自己的校长、班主任或任课教师写信的方式，谈谈自己在学校或家庭的所得所想，为学校的发展、教师的教学工作提一些合理化的建议，或向老师说说自己成长过程中想说的心里话。要求同学们利用暑假看望长辈、老师，想办法为他们做一些力所能及的事，尽一份孝心。这些要求与学生的生活息息相关，都是在生活中常遇到的真实性问题，有利于激发学生的探究兴趣。

3. 要有一定的开放性

开放性指对探究的问题可以作出多种解释和回答，可以考虑多种角度和方法，学生思考问题的角度和解决问题的方法不同，得出的答案亦不相同。例如，在学习鲁迅的《祝福》时，让学生观看电影《祝福》中祥林嫂"刀劈门槛"的情节。有人赞赏，认为这个强烈的动作是样林嫂深受压迫和摧残的必然表现，有力地刻画了她的反抗精神；有人反对，认为这不符合人物性格发展的逻辑，也悖于鲁迅原著的精神。"刀劈门槛"到底是匠心独运的妙笔，还是节外生枝的败笔，学生联系原著和电影展开探究。不求有统一的答案（包括教师的见解），其价值在于让学生开启发散思维，独抒己见，既加深了对作品的理解，又培养了创造性思维能力。相反，一些受诸多原因限制而显得结果或方法相对"标准化"的问题，思路唯一，答案唯一，学生在分析和解决过程中只能循着老师的思路去想，千人一法，则不便展开充分的探究活动，无疑不利于学生创造思维的培养。

三、针对普通地区阅读的教学方法

在阅读教学中有诸多值得探究的问题。"阅读本身就是一个主动探究的过程。在阅读过程中，学生首先与文本开展对话（即解读作品字面意思的过程），通过与文本的对话，达到与作者心灵的对话与交流，达到与作者就这个世界的某个方面（即作品的主题）开展对话与交流的目的。"所以，在普通地区中学语文阅读教学中实施探究性学习，教师首先要教给学生质疑的方法，带着疑问与文本展开对话，学生在阅读中能发现问题、思考问题、解决问题，是主动参与教学动态过程的关键。那么，阅读时学生应从作品何处质疑进而提出问题呢？针对普通地区学生的实际情况，笔者进行了以下三种方法的实验：

1. 利用学案，自读质疑

普通地区中学教学资源有限，无论图书资料还是网络资源，都远远不能满足学生的需求，所以教师要大量补充课外资源，使学生对文本有较全面、系统的了解，进而才可能找到自己的疑惑。首先，教师在编写课文预习学案时，除了基本的字、词、句等基础知识的理解外，重点补充与课文、与作者有关的信息，使学生能够全面理解文本，能在主动阅读探究过程中找到自己的疑惑，进而提出有见解、有创新的问题，同时又开阔了学生视野，拓展了语文学习空间。例如，在学习沈从文的《边城》时，笔者设计的学案中详细介绍了凤凰小城的历史及风土人情，有关作者沈从文的生平思想，沈从文的孙女沈红的《湿湿的想念》，有关文中翠翠的原型，并印发了中篇小说《边城》的全文。这样学生对小说中的人物形象有了全面的理解，感受到了小说的自然、民风和人性的美。

其次，指导学生质疑时，教师根据农村学生具体学情，可以采取先扶后放的策略，即先教给学生质疑的方法，笔者主要进行了以下实验：

当学生有了敢问的勇气时，教师就要培养学生学会质疑，帮助学生克服思考中的盲目性、随意性，打破思维定势，引导学生有深度地思考，多角度地思考，不满足于思维的求同性，注重思维的求异性、创造性，培养学生勤于思考的读书习惯。要想使学生形成质疑的习惯，教师就要给学生思考的时间，留给学生质疑的主动权，教给学生能提出有广度、有深度的问题的方法，择准时机，启之于愤悱之时，问之于矛盾之际，以使学生迸发出思维的火花。具体做法：

（1）预习自学中挑疑。"预习是自求了解的过程。"在学生掌握了预习课文的基本方法，能够自学字词、熟读课文后，就要求学生针对课文内容提问。开始时，教师要"强制"，每个学生都要质疑。最初，可以从不易理解的或根据语境不理解的词开始质疑。检查预习时，对质疑有意义的学生，加以表扬，以形成榜样。长此下去，学生的质疑能力自会提高。

（2）从课文题目发问。文章的题目往往是文章内容的精辟的提炼，主旨所在，犹如文章的"眼睛"。抓住了课题，文章的内容也就了解了。启发学生通过课题去发现问题、提出问题、解决问题，使阅读带有浓厚的趣味性，从而培养学生从课题人手阅读课文的能力。①以人物命名的文章，往往是通过最能表现人物思想品质的一件事或几件事来刻画人物的，使学生从中受到启发、教育，激发他们奋发向上。如《我的弟弟"小萝卜头"》、《李时珍》、《爱迪生》等课文，教师出示课题后，引导学生围绕课题提问，学生经过思考，教师归纳为：A．他（她）是个怎样的人？B．作者为什么要写他（她）？C．为什么要写这件事？这时，教师可针对这些问题，引导学生读书思考，小组讨论，全班交流，课后收集资料。这样既抓住了文章的主要内容，又可以引导学生深入地去读文章，剖析人物的思想品质，从而受到感染，激发情感。这样思维活动在质疑问难中积极地展开了。②写景状物的文章是作者用手中的笔做导游，向我们经典地介绍了一个地方或物品的特点。引导学生围绕课题，抓住景物的特点及与众不同之处发问。然后再引导学生带着问题阅读课文、标注、讨论。这样，学生的学习主动性提高了，思维更加活跃了。③以事件命题文章，如：《群鸟学艺》等，从课题就已经大概知道文章写什么事。教学生质疑时，让学生抓住事情的起因、经过、结果发问。学生会问："为什么这样做?""是怎么做的?""结果怎么样?""用其他方法行不行?"一下就抓住了文章的主要内容。学习时，围绕这些问题展开讨论，问题解决了，课文也就读懂了。④抓住课题中起修饰、限制作用的词语展开提问。如《可贵的沉默》可引导学生抓住"可贵"这个关键词来问，"为什么说这沉默是可贵的?"《一定要争气》可发问："为谁争气? 做了什么事来争气?"这样抓住关键词质疑，对文章的理解会更深刻，对于解决问题能起事半功倍的效果，还能发展学生的思维。文章的题目往往给读者留下许多悬念。教学时，要注意引导学生从题目处生疑。如有教师在教授《装在套子里的人》一课时，教师就指着题目问学生："看了题目，你想到什么，有问题要问吗?"学生的思维马上活跃起来："装在套子里的人是什么样子?""套子指的是什么?""别里科夫为什么要把自己装在套子里?"听了学生的提问，教师在题目边打出三个大问号，并及时赞扬同学问得好，抓住了课文的主干，然后引导学生带着问题，认真阅读课文，边读边想，边想边交流、讨论。

2. 从关键句质疑

在语文课文中，有些关键句在文中起到牵一发而动全身的作用，如散文的"文眼"，议论文的论点等。引导学生理解这些关键句，便可领会文章的主旨。如朱自清的《荷塘月色》一文中的"这几天心里颇不宁静"一句，在老师的引导下，学生提出了一些很有价值的问题："作者为什么不宁静?""怎样排遣这种不宁静?"然后学生带着这些问题深入自读课文，挖掘时代背景，进而理解了作者袒露的乃是一个正直的文弱书生面对冷酷现实时的无奈的心路历程。越是这书生文弱，越说明这心路历程无奈；越是这心路历程无奈，越表现作者对黑暗现实的愤怒；越是表现作者对黑暗现实的愤怒，越揭露反动势力暴行之恶劣！面对血腥屠杀，正直的人不会置若罔闻、选择逃避，正直的人会"敢怒"而"敢言"！

3. 采用比较的方法，在比较中体会和认识作品的价值和意义

例如学习白居易的《琵琶行》后，诗中对音乐的经典描写，可以与李贺的的《李凭箜篌引》与韩愈的《听颖师弹琴》进行比较阅读，弄清如何把听音乐的抽象感受具体化，在比较中探究各自的写作背景，探究不同的诗歌所寄寓的不同的思想感情，探究各自的表现手法。这样就更能理解文章的特色，把握文章的主旨，提高阅读能力。虽然文本多样，但是有了这几种基本质疑的方法，学生可以根据自己的理解程度，用自己独特的方法，提出不同层次的问题。

第三节　对文本进行拓展阅读和多元解读

对文本进行拓展阅读和多元解读有利于促进语文教学的展开，随着素质教育的不断深入开展，对培养学生的个性提出了强烈要求，这也大大增强学生的个性意识。然而，沉重的学习负担和升学的压力，将学生的个性完全压制了，他们只能停留在对文本表面的理解层面上，"知其然而不知其所以然"，不能对文本进行多元解读，标准答案、一刀切的结论，严重扼杀了学生的个性；再加上升学率的压制，教学进度的限制，广大农村语文教师较少对文本进行拓展阅读，一般是按照介绍作者、讲解课文内容、总结写作艺术手法这样的思路讲授完，较少关注学生的情感、态度与价值观，即使有的教师注意了，只是点到即止，没有从学生的情感体验出发，进行深入探究。而现在多数中学的学生是寄宿生，两周甚至一个月才回家一次，与家长交流机会较少，他们的人生观、价值观正处于不成熟期，

所以教师教书育人的责任重大，语文学科又是人文性最强的，更应该全面关注学生的情感体验，全面提升学生的素质。

一、明确拓展阅读与多元解读的意义

指导学生对文本进行拓展阅读和多元解读，是对作品作出客观公正的评价，必须按照一定的标准进行，不能违背作者的意愿随意解读，不能受自己的情感喜好所左右，轻率下结论。而一些教师教育理念滞后，吃不透探究学习的精神，曲解了文本多元探究解读的意义，以为个性解读就是随意解读，多元释义文本就是无限衍义文本，解读的创造性无需顾及文本的科学性，于是有了学生没有理性的五花八门的惊人发现、感悟：阿 Q 的精神胜利法因为可以使其在精神满足中忘却痛苦，因此被解读成一种乐观的生活态度；《背影》里翻越栅栏的父亲违反了交通规则。而对文本进行正确的多元解读与创造，有利于拓宽学生的思维，开阔学生的视野，全面提升学生的素质。

对于文学作品的解读，存在着诸多误区。新课改实施以来，作为矫正泯灭学生个性和创新思维火花的文学作品单一化、概念化解读倾向的多元解读，由于契合了"一千个读者就有一千个哈姆雷特"的文艺学原则和语文教育学的新理念，开始盛行于语文课堂。但在具体的实施过程中，由于部分教师对多元解读的过热追捧，导致阅读教学对文学作品解读价值取向的曲解，出现了文学作品多元解读泛滥的现象。

解读脱离作品，甚至曲解作品，出于对一元解读的反叛，很多教师在实际的阅读教学中不是引导学生根据作品内容"批文入情"，不追求作品内在意义与读者外在意义的统一，而是完全漠视作品自身的意义，任由学生曲解作品内涵，甚至还把这种曲解当作学生创造性的体验成果。如有老师在讲授《背影》时，学生指出该文中的"父亲翻过栏杆去买橘子，很明显违反了交通规则"，教师对此观点予以肯定；也有老师在解读窦娥的艺术形象时，认为"窦娥是楚州百姓生命中的暴君"。很明显，这些解读结果不是多元解读，而是多元误读，教师在引导学生解读文学作品时，自觉或不自觉地进行穿凿附会地认知与评价，对作品进行非艺术视角的歪曲解释。

解读忽视文本，盲目拓展。新课程认为，学生与文本、教师之间的对话是平等的，因此应打破过去"唯教师至上"、"唯文本至上"的观点，充分尊重学生的独特体验和个性表达，注重学生的个性化阅读。但在实际的教学中，有的老师却矫枉过正，把文本看作是一般性的阅读材料，在文本的外围打转。学生根本就没有读懂文本在说什么，就被教师一个接一个的补充材料给带离了阅读的活动，阅读教学流于形式。如有老师在讲《南京大屠杀》时，根本不管不顾作品，只是调动学生去看他所搜集到的"南京大屠杀"的图片资料、影像资料，给学生讲东京审判，讲慰安妇，甚至还有教师直接找来《南京大屠杀》的电影放给学生看。这种以拓宽学生眼界为名，完全放弃文本、忽视文本的现象在我们的语文课堂里已屡见不鲜。

多元无界，过犹不及。当代的文本解读观认为，只有加入了读者的理解活动，文本的意义才会得到实现。而读者的年龄、身份、性格、阅历往往会影响到他们对文本的理解。为此，有的教师在教学中甚至奉行"多元无界"观，对学生提出的种种观点，无论对错都照单全收，缺乏必要的引导。如《愚公移山》一课，有学生说："愚公真的太笨了，为什么不搬家?"有的说："愚公是在破坏生态环境，应该受到谴责!"有人说："愚公把子子孙孙都留在这件枯燥的事情上，完全不顾他们的幸福，太残忍了。"面对这种"多元解读"，教师如果一味地鼓励学生进行发散思维，就忽视了解读过程和作品的联系，忽视了学生对作品内在意义的关注，这实际上是在破坏对作品的正确解读。"反文本"本来是要反掉对文本的僵化理解、一元化解读，但盲目地"反文本"却反掉了阅读教学赖以存在的前提——文本的客观确定性。下面就如何恰当把握文本的多元解读，谈谈个人看法。

1. 立足文本，用"多元解读"来丰富作品内涵

笔者认为，要想真正上好语文课，必须要学会解读文本，走进文本，要深入挖掘教材，不能片面地停留在文本的表面，要挖出文字背后蕴藏的东西，只有钻研出语文的味道来，才能上出带有语文味道的课来。作为一名语文老师，必须要有一定的文学功底，要博览群书，要不断地提升自身的文化品位，提高自身的文学修养，才能在语文教学中游刃有余。有文化才有底蕴，有底蕴才有底气，有底气才能在课堂上有灵气。在教学实施过程中学生对文本的内涵有了深刻的理解。作为教师，在解读文本的过程中，应尽量发挥好阅读主体的能动作用，运用已有的对文本解读的经验，跨越时空，与文本的作者达成心灵的共识，产生思维的共鸣。

2. 充分预设，让"多元解读"在动态生成中释放

阅读是学生的个性化行为，所以，在课堂教学中，学生根据自己的个性化体验可能会得出许多新颖的个性化的观点，这就要求我们必须有充分的准备来应对学生对文本的多元解读。事先考虑在文本解读时可能出现的种种情况，才能在课堂上得心应手。

3. 拓展深化，用"多元解读"去升华情感

语文课程标准强调语文教学必须加强人文熏陶，为学生的未来人生打好底色。学语文，不仅是为了掌握语言文字这个工具，更重

要的是让学生学会"做人"。在熟读课文的基础上，让学生走出课文，进行适当拓展，往往可达到深化认识，多元解读的效果。

4. 正确评价，使"多元解读"具有独特魅力

课堂上的评价语言不应拘泥于一种形式，它应因人而异，因课而异，因时而异，因发生的情况而异，教师要创造性地对学生进行评价，使被评价的学生能得到成功的满足，从而更积极主动地思考，真正让课堂评价语言发挥促成多元解读的作用。在我们解读文本并追寻意义何在之际，或许发觉其意义就在我们解读的过程之中。某种意义上讲，文本的多元解读已远远超出了教学的范畴。保持适度的阅读警觉，在多元解读的误区中突围，和学生一起寻找文本多元解读的支点，渗透正确价值观的教育，唤醒学生的生命意识，这是教师的职责和使命。

二、教师要充分尊重学生的个性与好奇心

阅读探究中，教师应该鼓励学生根据自己的兴趣爱好进行学习，以提高学生的阅读水平。教师要尊重学生的个性，指导学生崇尚理性的怀疑，对事物具有好奇心和新异感，既不轻信、不盲从、不唯书、不唯上，又不意气用事、简单否定，重视客观的依据，不臆断、不妄想。例如，对莫泊桑的《项链》中的主人公玛蒂尔德的分析，我们一般都是根据当时的社会和时代背景，认为对玛蒂尔德只有批判，小资产阶级的爱慕虚荣造成了她的悲剧，而有的学生却认为玛蒂尔德的诚实、肯吃苦、坚韧不屈也值得我们学习，玛蒂尔德应该是一个有梦想、有追求的人。这就是一个新颖创新的发现，教师要及时表扬鼓励；再如苏轼的《念奴娇·赤壁怀古》，历来有不少评论者把它的主题界定为感慨年华易逝，抒发壮志难酬的苦闷，尤其把

最后一句"人生如梦"作为解读的证据，这就犯了思维定势的错误。细心的有个性的学生却能结合苏轼的思想，以及他的前后《赤壁赋》，认为这种"人生如梦"的感慨，正是对生命深刻思索后的一种大彻大悟，是他性格中豁达乐观的体现。

三、通过引导学生关注生活现象、生活体验来拓展学生的探究渠道

现当代学生由于从小缺乏正确的引导，对生活中的现象往往熟视无睹，没有体验。而对语文学科来说，一个没有认真观察过生活，没有细心感受过生活的人是品味不出语文学习的乐趣的。要让学生真正自主探究鉴赏出教材中一篇篇精品和经典的迷人魅力，就要引导学生仔细地体验生活、思考自我。在预习《陈情表》这篇课文时，笔者先引导学生广泛关注古今中外关于"忠孝"的现象，学生们通过观察，搜集了大量的素材，如《二十四孝图》、忠孝的伟人名人等。然后引导学生关注现代社会中出现的老龄化现象、独生子女现象，传统观念规定的某些孝道行为，今天的子女难以办到，现代人如何尽孝？有人说，"孝"是传统美德，"百善孝为先"，"孝为德之本"等；也有人说，"孝"是封建糟粕，"父母在，不远游，游必有方"，"父为子纲"等。你认为应该如何理解"孝道"？在构建和谐社会的今天有何意义？请根据自己的认识或自己父母的行为，谈谈自己的看法。首先明确，这些问题都是开放性的，意在让学生讨论一下对"孝"的看法。一方面，封建统治者提倡"以孝治天下"的伦理观，其根本目的在于维护自己的统治，我们应有清醒的认识。另一方面，孝敬父母长辈，又是我们中华民族自古以来的传统道德，至今仍未过时。学生通过对自己的父母及邻居的观察，纷纷提出了

自己的见解。语文学习的外延与生活的外延相等，要让学生解读课文，就首先要引导学生解读生活中的有关主题，在自主解读生活的基础上，再来探究作者在课文中是如何解读生活的这一侧面的。"从历史的角度看，斯宾塞早就探讨了为完美生活而设计课程的问题。罗素也直截了当地提出，教育为了美好生活！杜威更是深刻阐述并实践了'教育即生活'。陶行知则在中国的土地上用自己的身心倡导'生活即教育'的理念。新世纪的课程要站在这些巨人的肩膀上，才能看得更远一些"。面向生活学习语文，就是要让学生把在日常生活中积累到的经验引入到课文内容的学习中来，同时，也要让学生把在课堂上语文学习中所获得的知识延伸、运用到生活中去。可以简单地归纳为："从生活中来，到生活中去。"目的就是要引导学生运用自己在生活中获得的经验来感悟课文、理解课文内容，并运用课堂上所学到的知识来体验生活、丰富生活内容，为生活服务。

第四节　改善阅读模式

　　中学由于受应试教育的影响较深，传统的阅读教学模式大多是教师条分缕析地"肢解"课文，学生消极被动接受学习。而语文探究性学习在阅读教学中的实施关键在于教师教学方式的改变，以教定学，教师应该从备课入手，从根本上改善阅读教学的常模，以学生为主体，从备学生出发，充分理解学生，在学生"最近发展区"里做"文章"，注重课堂的预设与生成。同时，在阅读教学中实施适合于探究性学习的模式并不是完全不要其他的教学方式和方法，而是倾斜于以探究性学习作为教学模式的主导，循序渐进地加大探究性学习的空间。

一、备课：教师要改变备课方式

从"备学生"出发，注重课堂的预设与生成。农村中学阅读教学中实施探究性学习，教师教学方式的转变是关键。教师首先要改变备课方式。当前许多教师的教案不能联系农村中学及农村学生实际，多数教案只是教参的翻版，未做必要的取舍和改造，教案不能指导教学，存在着抄教参应付检查的现象。实施探究性阅读教学，教师要把备课的重点放在学生身上，真正做好"备学生"这一环节。教学是师生双方的对话活动，学生究竟想到什么，要问什么，教师不能完全凭借对学生的"熟悉"来感知。应该在备课前先从学生的学情和认知水平出发，想到学生会有什么疑惑，然后针对学生的问题进行教学设计，这样才能更好地掌握对话的主动性，才能更好地组织和引导教学活动。所以要真正落实好农村中学语文探究性学习，要求教师备课要精心预设。

1. 全面透彻理解教材，联系学生实际，在重点、难点上下功夫

透彻理解教材就是要深入钻研教材，对教科书的内容达到懂、透、化的程度。同时，教师在备课的过程中，时刻把学生放在主体位置上来对待，全面掌握学生学习的实际情况，如认知规律、学习能力、知识程度、学习兴趣等，从而明确教学目标，确定教学重点、难点，找准教学关键，选择恰当的教学方法，强化学法指导。在农村中学，由于信息资源有限，最有效的备课方式是教研组集体备课，集思广益，取长补短，做到资源共享，并且立足学生实际，不断修改和完善教案。

2. 充分理解学生，在学生"最近发展区"里做"文章"

新课程主张把学生置于教学的出发点和核心地位，教师应该以

学生的心理发展、认知水平为主线，从学生的视角去设计教学思想，预测学生可能的思维活动并设计相应对策；要研究学生的需要，理解学生现有的水平和情感状态，准确把握学生的"现有发展水平"，引导学生循序渐进地步入"最近发展区"。"预设是生成的基础和前提；生成是在预设基础上的实现和超越。预设是对未来教学过程的前瞻性准备；生成是对过程情境变化的灵活性顺应。没有精心的预设，就不会有精彩的生成；没有精彩的生成，课堂就不会焕发出生命的活力和成长的气息。课堂有时的精彩尽在预设中，然而更多的精彩却出现在预设之外，预设永远不会达到顶点，这就是教学过程的不确定性，也是教学本身创造的魅力之所在。"这是新课程对教师的备课提出的新要求，教师要努力营造民主、平等、合作、协商的宽松的学习氛围，建立合作伙伴式的新型师生关系，鼓励学生质疑问难，独立思考，鼓励学生争辩，善于发现问题，鼓励学生提出与众不同的见解，促进教学的精彩生成。

二、上课：改变传统上课模式

1. 教师要创设能够调动学生探究兴趣的情境

阅读教学中实施语文探究性学习，教师要摒弃"肢解"课文的传统教学模式，创设能够调动学生探究兴趣的情境，引导学生进行探究性学习。

（1）创设学生感兴趣的探究情境，激发学生的积极思维。

教师创设的探究情境应具有一定的现实意义，与学生的实际生活有着直接的联系，包含着一些新奇的现象、出人意料的结果、引人入胜的故事情节，常常能够引起学生的认知冲突，激发学生的探究欲望。当年钱梦龙先生在教授《死海不死》时就很好地利用了这一点。离上课还有几分钟，当语文课代表把一只盛满清水的烧杯、玻璃棒、一碟食盐、一只鸡蛋放到讲台上的时候，好奇的同学一下子涌到讲台四周，七嘴八舌地猜测起来。"语文课做实验？真新鲜！"谁也猜不透语文老师的葫芦里究竟卖的是什么药。上课后，钱老在同学们迷惑目光的注视下把鸡蛋投入了大烧杯，鸡蛋很快沉到了底。"谁有办法让鸡蛋浮起来？"最后同学们根据物理上学到的密度的概念，准确地说明了清水加大量盐以后密度大于鸡蛋的密度是鸡蛋上浮的原因。正如钱老自己的评价"我备课时最关心的问题，不是自己怎样教，而是学生怎样学——带着什么动机和情绪？以什么态度？用什么方法？如果说这个设计确实激发了学生兴趣的话，恐怕也不完全是由于新鲜感，而是发现和成功的情绪体验，唤起了他们求知的欲望。"

（2）借助多媒体创设问题探究情境

由于农村学生生活阅历非常有限，知识面相对比较狭窄，对许多课文内容存在明显的心理差距，对课文涉及的背景环境也缺乏了解，致使有时学生不能准确理解文章主旨。所以教师应为学生创设故事发生的背景情景，帮助学生了解文章内容，为学生由现实角色进入文章角色提供有利的心理准备。在中学语文课本中有许多情境，学生在体会时感觉不清晰，教师费尽口舌也难以营造，以致影响学生对文本的理解，而多媒体教学可以根据教学内容创设出教学情境，展现多层次、多形态的情感场面，再现课文的场景和意境，让学生在声情并茂、情境结合的多媒体所提供的环境中学习，如临其境，如见其人，如闻其声。如学习《斑羚飞渡》这一课时，学生没有见过斑羚，也不知道"伤心崖"有多么危险。许多学生在自学课文后觉得很难理解，针对这些情况，可以借助多媒体教学方法让学生有个直观的了解。

首先，可以搜集不同年龄段的斑羚图片制作多媒体课件。有的在吃草，有的在奔跑，有的在嬉闹玩耍等，让学生对本来一无所知的斑羚有了直观的初步认识。其次，将斑羚飞渡的场景制成 FLASH 动画。在光辉灿烂的彩虹下，"伤心崖"下深不可测，"伤心崖"上，一只斑羚快速助跑后跃出悬崖，后面一只老斑羚随即蹿跃出去，用头把前面的小斑羚顶到对面的山崖。小斑羚成功到达对面山崖上，老斑羚则无声无息地坠落崖底。这震撼人心的场面，通过 FLASH 动画表现出来，不仅有利于学生了解课文故事，更能深深地打动学生的心灵。观看图片和动画，结合对课文的自主学习，可以充分激发学生的学习兴趣。利用多媒体教学，可以诱导、激励、唤起学生的感悟，引发学生的学习兴趣，激起求知欲、表现欲和成功欲，调动其积极性、主动性和创造性，从而使学生主动学习，感受到学习的乐趣。

2. 阅读探究性学习中教师的参与和指导

虽然在口语交际教学中逐步渗透了探究性学习，使学生有了探究的意识，敢于大胆发表自己的见解了，但语文探究性学习在农村中学毕竟刚刚起步，必然少不了教师的全程参与和全方位指导。教师在学生的探讨过程中，对学生的发言和精辟的观点要紧接着加以凝练、概括、提升、引申和拓展。这既是对学生的肯定和鼓励，也能引导学生更深入地解读文本，从而帮助学生对自己的阅读感受和见解作出补充，或者进行调整和修正自己的思路，从而使学生在与同伴的互相交流与分享中，在与教师的交流与分享中，受益匪浅，不断提高阅读水平。教师的指导应注意以下两点：

（1）方向性。当学生分析思考某一问题时，有的可能误入歧路。对此，教师应视情况相机处理。如果为了节省时间，加速教学进程，教师应及时拨正方向，以避免时间的"无谓消耗"。但有时教师有意不予点化，而任其自蹈"绝路"，待其碰壁后自我觉悟，自动拨转方向。

（2）适时性。即指导的"火候"。学生方欲思考或思维尚处于朦胧状态之际，教师便指导，则为火候太嫩。火候太嫩，则近乎告诉学生答案，且削足适履，扼杀学生的创造性，既不尊重学生，又不利于学生主体性的发挥。而当学生经过一番苦思冥想，已经深思熟虑几近大彻大悟之际，则为火候太老，此时若再指导，则属画蛇添足。只有当学生进行了一定的学习积淀后仍然处于似懂非懂之时，才宜指导。

第十一章　依托网络培养学生探究性能力

第一节　开展网络环境下探究性学习的必要性

一、探究性学习教学模式与传统教学模式的对比

探究性学习教学模式与传统教学模式的对比如下表

传统教学模式	探究性学习的教学模式
教师为中心	学生为中心
教师讲授为主	学生探索学习为主
说教式教学	交互性学习
课堂教授为主	个性化学习
学生被动	学生积极主动
评价方式单一	评价方式多元化

　　以上的对比说明了探究性学习强调的是一种主动探究式的学习，目的在于改变学生被动接受知识的学习方式，为学生提供多渠道获取知识、应用知识的机会，让学生在开放的学习环境中进行主动的探究式学习。探究性学习是现代教育观在教学上的体现，是培养学

生创新精神和实践能力的一种新的尝试和实践，符合现代教育观所提倡的教学模式。

二、探究性学习与网络环境下的探究性学习的对比

探究性学习与网络环境下的探究性学习的对比如下表所示：

探究性学习	网络环境下的探究性学习
资源有限	网上具有海量的信息资源
资料检索麻烦	资料搜索快
信息资源传播费用高	电子资料传递迅速、费用低廉
交互性学习，反馈较慢	多向互动，反馈迅速
视野受到时空限制	视野更加开阔
交流受到一些因素影响	能自由地表达自己的意见
以学生为中心	更能体现师生、生生之间的平等
发表成果受到一定的限制	研究成果发表更加方便

通过两种方式的探究性学习的对比，可以看出网络环境下的探究性学习由于以网络为工具和手段，具有更多的优势，概括起来有以下四点：

1．网络为探究性学习提供了大量的学习资源

传统的教学模式中，由于信息传播手段落后，学习者只能掌握有限的教育资源。而今天在网络教学中，学习者可以共享越来越多的优质的国内外教育资源，如学生可以向世界上最权威的专家当面请教问题，可以得到各学科一流教师的指导，可以借阅世界上任何一所图书馆的图书等。这为学习者自主学习和进行问题探讨提供了

极为便利的条件，从而更好地支持了学生的个性化学习和思维。

2. 网络为学生的协作学习提供了更加广阔的空间

小组合作是探究性学习中基本的组织形式和活动方式。由于长期的课堂教学使学生已经习惯了独自面对问题，少有交流，当面对新的群体和独自无法承担的问题情境时，他们往往表现出不知所措。而网上协作学习却能为学习者提供一个使学习过程生动而丰富的环境。这种环境不仅有助于维持学生的学习兴趣，鼓励学生积极、主动地参与，进行探索式的学习，而且还可以提供一个更加自然的学习场所。在这个场所中，学生与学生之间、学生与教师之间都处于一种平等的地位。协作学习的核心是让多个学习者共同去完成某项学习任务。网络教学中的协作学习需要利用网络提供的丰富的交互工具，由不同时空的多个学习者共享学习资料、协商合作，以达到对教学内容比较深刻的理解与掌握，从而完成特定的学习任务。协作学习方式可分为异步式和同步式两种。异步式是指信息传播者与信息接受者在沟通时不同步出现，即在不同时间、不同地点进行同一任务的协商学习。同步式是指实时传输信息，包括文本、声音、影像的实时沟通，达到类似于面对面交流的效果，即在同一时间、不同地点进行同一任务的协商学习。在这里，学生可以寻求更多的帮助，可以广泛吸收别人的建议，求同存异，共同探讨。

3. 网络的平等模式促进了师生的平等交流

在探究性学习中，倡导学生自主探求、主动获取知识。通过改变教与学的传统方式，师生共同建立起平等、和谐的协作关系。教师在教学过程中需要体现教学目标的设计者、教学情境的创设者、学习动机的激发者、教学资源的制作者、教学过程的参与者与帮助者、学习效果的评价者等角色。在网络面前，人人平等。教师与学生可以进行资源的共享，通过自由讨论和交互通讯进行平等的交流与对话，甚至有时教师的难题学生也可以尝试着帮助解决。网络使得学生与教师之间的交流和讨论更为及时和方便。学生与教师的沟通可以同步进行，也可以异步进行，通过网络实现教师—学生的双向互动和及时反馈，不仅有利于进一步调动学生的积极性与主动性，使学生的个性意识与个性潜能得到充分的发挥，而且也有助于学生创造性思维的激发，并使学生知识创新成为可能，从而使探究性学习具有更强的现实性。

4. 网络为探究性学习的成果提供了充分的展示平台

网络能够为学习者提供多种技术支持，如链接、动态浏览、多媒体演示、文献检索与文字处理等。目前，多媒体和网络技术能按照超文本、超链接方式组织、管理学科知识和各种教学信息，在Internet上按这种方式组织建构的知识库、信息库，已成为世界上最丰富的信息资源。通过网络提供的展示平台，将学生的成果予以展示，从而使他们获得成就感、自豪感的体验。这不仅是对学生学习成果的一种充分肯定和鼓励，而且也是对他们积极参与科研活动，进行创造性思维的一种认可，更是对探究性学习目标的一种定位，即"获得亲自参与研究探索的积极体验，提高发现问题和解决问题的能力，学会分享与合作，培养科学态度和科学道德，培养对社会的责任心和使命感，激活各科学习中的知识储存，尝试相关知识的综合运用"。

通过以上两组对比，更加说明了开展网络环境下探究性学习的必要性。首先它是一种新型的现代教学模式，同时又促进了信息技术课与其他学科教学的整合，提高了学生的信息素养。从另一个层面上说，它又符合素质教育的目标，即以学生发展为中心，既重视学生的知识积累，又重视学生的人格发展、个性发展和身心的全面发展。

第二节 网络环境下探究性学习的要素及原则

一、网络环境下探究性学习的四个要素

网络资源、工具软件、网络平台、教学内容构成了实施网络环境下探究性学习的四个要素。这种探究性学习需要信息技术的支持，资源的搜索、工具软件的使用以及网络平台的搭建属于信息技术的范畴，这是进行网络环境下探究性学习的必要条件，但如何有效地组织教学则要求教师根据教学内容的不同而采取不同的教学策略。

1. 网络资源是探究性学习的一个重要知识源泉

因特网上的关于自然、社会、生活以及各学科的教育教学资源为探究性学习提供了研究、探索、实践的材料。

2. 工具软件是重要的辅助工具

基于网络的搜索引擎、相关的计算机软件工具如幻灯片播放软件、文字图像处理软件以及通讯软件等为探究性学习提供研究、探索、实践的辅助工具。工具软件是探究性学习的辅助研究工具。探究性学习可分为文献研究、实验或观测、调查研究、建模概括、畅想论证、思辨探究等，都是在教师的指导帮助下学生独立从事某项课题研究，包括学生自己提出问题，确定研究课题，开展研究，最后提交研究报告，其一般程序分为指导确定研究课题、制订研究计划、实施研究、撰写研究成果等四个步骤，其中每一个步骤都可以用计算机辅助完成。

3. 网络平台为探究性学习提供了良好的学习环境

基于网络的教学支撑平台，特别是基于 Web 的协作学习平台，为探究性学习提供了交流、协作和项目（活动）管理工具。学生可以在网络平台上自由平等地交流、合作并快捷地发布自己的研究成果，这样可以创建一个和谐的学习环境。

4. 教学内容决定教学策略

教学内容应该作为网络环境下探究性学习的一个要素，因为各个学科的性质不同，采取的教学策略也应该不同。如我们在开展关于青铜器的研究，显然这是属于历史方面的内容，但是我们可以采取角色扮演模式（将各小组分成化学分析专家、地矿冶金专家、物理学专家、历史学专家、艺术以及美学专家等角色来进行研究）。又如我们在进行收发电子邮件和搜索资源的探究性学习时可以采取竞争的模式，以任务驱动为教法，让学生自己探索，学习各种使用方法，以最先完成任务的为优胜者来促进学生的求知欲。总之不同的学科、不同的教学内容在进行教学时应灵活、适当地采取不同的教学模式。

综上所述，网上资源、工具软件、网络平台以及教学内容是网络环境下探究性学习的四个要素。如何提高信息搜寻水平以及分析处理信息的能力，都得依靠教师依据教学内容采取的教学模式来得以实现。

二、网络环境下开展探究性学习应遵循的原则

1. 主体性和主导性统一的原则

探究性学习的主体是学生，课题研究主要由学生自己完成。但并不排斥教师的主导作用。教师确定课题，组织学生开展研究活动，

并在研究活动中点拨方法，指点迷津，充分发挥"导"的作用。

2. 基础性和创造性统一的原则

探究性学习的重要特点是培养学生的创造能力，但创造性学习活动的前提是学生具备必要的基础知识和基本技术。因此，探究性学习课题安排要注意知识的连续性。

3. 自主性和协作性统一的原则

协作能力是创造力得以发挥的重要保证，是知识经济下综合素质的重要组成部分。在研究活动中，我们重视培养学生独立解决问题的能力的同时，还要培养他们的协作能力，让他们学会与各种人群交往和团队协作，懂得尊重和欣赏别人的劳动。

4. 激励原则

教师要能和学生进行平等的交流，让学生感到教师在关心自己，从而增强他们学习的信心。兴趣是最好的老师，教师要在激发学生探究性学习的热情时，通过肯定性评价，使学生产生成就感，提高他们学习的内驱力。